Manfred Schell   Die Lok zieht die Bahn

Manfred Schell

Die Lok
zieht die Bahn

Autobiografie

Rotbuch Verlag

Besonderer Dank gilt Christof Meueler.

ISBN 978-3-86789-059-5

1. Auflage
© 2009 by Rotbuch Verlag, Berlin
Umschlaggestaltung: Andreas Fack
Umschlagabbildung: Henning Bode
Druck und Bindung: CPI Moravia Books GmbH

Ein Verlagsverzeichnis schicken wir Ihnen gern:
Rotbuch Verlag GmbH
Neue Grünstraße 18
10179 Berlin
Tel. 01805/30 99 99
(0,14 Euro/Min. aus dem deutschen Festnetz,
abweichende Preise für Mobilfunkteilnehmer)

www.rotbuch.de

Ich widme dieses Buch meiner Familie. Und den loyalen Vorstandskollegen, den vielen Mandatsträgern der GDL, meinen engsten und vertrautesten Mitarbeiterinnen und Mitarbeitern in der Frankfurter Zentrale, die meine Ziele unterstützten und transportierten. Wir haben vieles erleben und durchleben müssen, aber wir haben alle gemeinsam ein großes Ziel verwirklicht.

Inhalt

Vorwort   9

Kapitel I: Das Spielzimmer war draußen   11
Kindheit und Jugend im Rheinland nach
dem Krieg

Kapitel II: Auf der Lok   39
Vom Viehwaggonreiniger zum Dampflokführer

Kapitel III: Die freie Gewerkschaft   65
Was die GDL ist und wie man konsequent
Interessen vertritt

Kapitel IV: Schlag auf Schlag   91
Streiken ist erlaubt: Die Gründung der GDL als
erste freie Gewerkschaft der DDR

Kapitel V: Die neue Ostpolitik   109
Für Sachsen-Anhalt im Bundestag

Kapitel VI: Sieger sehen anders aus   135
Privatisierung in der Endlosschleife:
Die Bahnreform und ihre Folgen

Kapitel VII: Gegen die Außerirdischen   157
Wie die GDL streikte und gewann

Kapitel VIII: Die Menschen mitnehmen   193
Von A nach B: Für eine ehrliche Verkehrs- und
Gewerkschaftspolitik

Lebenslauf   215
Personenregister   217
Bildnachweis   221

Vorwort

Die Bahn war mein Beruf. Ich fing 1958 als Maschinen-schlosserlehrling bei der Bundesbahn an und wurde dann Lokomotivführer. Wir fuhren noch unter Dampf, und die Züge waren pünktlich. Heute ist die Bahn privatisiert und soll an die Börse. Ihren Kunden fällt auf, dass die Fahrpreise steigen und die Züge immer mehr Verspätungen haben. Im Vorstand des Unternehmens haben die Manager das Sagen, nicht die Praktiker. Das sind Quereinsteiger, die ihr Hand-werk nicht als Eisenbahner von der Pike auf gelernt haben. Den Beschäftigten der Deutschen Bahn haben sie nicht mehr zu bieten als die permanente Drohung, Arbeitsplätze abbauen zu wollen.

Bei der Bundesbahn begann die Rationalisierung in den späten Fünfzigerjahren. Der Personalabbau verlief weitge-hend in sozial verträglichen Bahnen. Doch ab dem Jahr der deutsch-deutschen Vereinigung 1990 muss der Personalab-bau als radikale Vernichtung von Eisenbahner-Arbeitsplät-zen bezeichnet werden. Trotz sogenannter tarifvertraglicher Sicherungsinstrumente gab es kontinuierlich weniger Be-schäftigte bei der Bahn. Die Betriebsräte der GDL, der Ge-werkschaft Deutscher Lokomotivführer, deren Vorsitzender ich von 1989 bis 2008 war, befassten sich größtenteils mit der Umsetzung von Sozialplänen. Wir haben Menschen mit Zukunftsängsten beraten und sie auf ihrem schweren Weg in die Arbeitslosigkeit begleitet. Die Bahn-Vorstände erlie-ßen Zielvorgaben, deren größtmögliche Sozialverträglichkeit bei der Umsetzung die GDL und ihre Betriebsräte leisteten.

Die Privatisierer der Bahn proklamierten das Ziel der Verkehrsverlagerung auf die Schiene und die Sicherung der Arbeitsplätze. Beides wurde nicht erreicht. Stattdessen sollten Personalabbau und Lohnverlust die Geheimrezepte für den erhofften Börsengang sein. Rechnet man die Verlängerung der Arbeitszeit und die Inflationsrate mit ein, dann verdienen die Beschäftigten der Deutschen Bahn heute 9,5 Prozent weniger als vor zehn Jahren.

Bei der Bahn mutierten die Arbeitnehmer zu bloßen Kostenstellen – Unternehmenskultur: Fehlanzeige. Wir als GDL mussten erfahren, dass wir uns auf die Konzepte und Angebote des Bahn-Vorstands, vor allem von dessen Vorsitzenden Hartmut Mehdorn vorgetragen, nicht verlassen konnten. Da gab es keine Wahrheit und Wahrhaftigkeit. Der Glaube, dass Zugesagtes auch eingehalten würde, ist mir abhandengekommen.

Das mag bei anderen anders gewesen sein. Das als VW-Modell bekannt gewordene Vertrauensverhältnis existierte auch bei der Bahn, es war personifiziert. Dafür standen die Namen Hartmut Mehdorn und Norbert Hansen, langjähriger Chef der Gewerkschaft Transnet. Arbeitnehmervertreter, die jahrzehntelang zum eigenen Vorteil mit der Arbeitgeberführung taktieren, verfolgen ihre organisationspolitischen Ziele. Diese richten sich zum Großteil gegen die berechtigten Interessen der Arbeitnehmer. Derartige Vorgehenweisen zu durchbrechen und zu beenden, das war mein Motiv als Gewerkschafter – und wird es immer bleiben.

Manfred Schell
Frankfurt am Main, im Dezember 2008

Kapitel I: Das Spielzimmer war draußen
Kindheit und Jugend im Rhein-
land nach dem Krieg

Als Kind wollte ich nicht zur Eisenbahn. Da war schon mein
Vater. Er war Lokomotivführer. Er konnte mir genau sagen,
wann er an unserem Haus vorbeifuhr. Und wenn er das tat,
dann hat er in der Lok die Pfeife gezogen. Manchmal durfte
ich auch bei ihm mitfahren. Dann hat er gesagt: »Wenn die
Schule aus ist, kommst du runter zum Bahnhof.« Von dort
hat er mich abgeholt, und ich bin dann auf den Führerstand
gestiegen und ein paar Rangierbewegungen mitgefahren.
Das war schon toll. Aber Lokomotivführer wollte ich trotzdem nicht werden. Und auch nicht Feuerwehrmann oder
Polizist. Das hat mich nicht interessiert. Ich wollte als Kind
spielen und nicht an die Zukunft denken.

Lieber in echt

Als ich dreizehn war, bekam ich eine Modelleisenbahn geschenkt. Ich hatte kein Kinderzimmer, und es gab auch
keinen Dachboden. Also musste ich die im Wohnzimmer
aufbauen. Nach einem Tag hat mich meine Mutter gefragt: »Wann räumst du das Ding wieder weg?« Seitdem
habe ich keine Modelleisenbahn mehr angerührt. Meine
eigenen Kinder übrigens auch nicht. Es stimmt nicht, dass

jedes Kind Lokomotivführer werden will. Ein Onkel von mir war Pastor. Der hatte eine große Modelleisenbahn und auch einen extra Raum dafür, in dem lief sie über drei Etagen. Der kannte einen Schreiner, der hat ihm den gesamten Kölner Hauptbahnhof nachgebaut. Das war sehr imposant. Aber nur solange die Anlage auf- und ausgebaut wurde. Dann kann man kaum aufhören. Die Häuschen bauen, die Bergattrappen errichten, die Schienen und die Kabel verlegen. Wenn die Anlage erst inmal steht und alles fährt nur noch, dann ist der große Reiz weg. Man sieht dann immer nur dasselbe Bild an. Und wer sich heutzutage für Modelleisenbahn begeistert, hat Pech gehabt.

Denn dieses Hobby ist fast unbezahlbar geworden – vor allem für Lokomotivführer. Aus diesem Grund interessiere ich mich mehr für die große Bahn und ihre Zusammenhänge. Aber erst, seitdem ich erwachsen bin. Von der Bahn kann man nicht behaupten, dass die immer nur im Kreis fährt. Bei der bleibt auch nicht alles so, wie es einmal aufgebaut wurde.

Nach der Geburt ausgebombt

Ich bin am 12. Februar 1943 in Aachen geboren. Mein Vater war im Krieg – als Lokführer. Er fuhr in Saloniki. Die Deutschen hatten Griechenland besetzt.

1944 wurden wir ausgebombt. Meine Mutter befand sich mit mir auf dem Arm im Luftschutzbunker um die Ecke, und als wir herauskamen, lag unser Haus am Boden. Wir zogen zu den Eltern meiner Mutter nach Richterich, einem Vorort von Aachen, sieben Kilometer vor der Stadt. Die Bombardements ließen nicht nach. Mein Großvater arbeitete auf einer Zeche und brachte Balken mit, um den Keller abzustützen. Im Oktober 1944 wurde Aachen von den Amerikanern eingenommen, als erste westdeutsche Stadt. In Aachen endete der Zweite Weltkrieg also ein halbes Jahr früher als im Rest von Deutschland. Mein Vater kam auch schon Mitte 1945 wieder nach Hause. Er war aus der Kriegsgefangenschaft geflohen und hatte sich eigenmächtig mit ein paar anderen abgesetzt.

Zweieinhalb Zimmer und ein Mantel

Die erste gemeinsame Wohnung, nachdem wir ausgebombt worden waren und mein Vater wieder zu Hause war, war ziemlich eng, 32 Quadratmeter. Allerdings hatte ich keine Geschwister. Mein Vater ging wieder als Lokomotivführer arbeiten. Meine Mutter war Hausfrau. Ursprünglich hatte sie in Richterich einen Konsum geleitet. Das waren diese genossenschaftlichen Einkaufsläden für Arbeiter und Handwerker, die in den Sechzigerjahren in »co op« umbenannt wurden, in der DDR aber weiterexistierten.

Die Bezüge eines Lokomotivführers waren äußerst spärlich. Meine Großeltern hatten auch nicht viel Geld. Mein Opa väterlicherseits war Schlosser in einer Maschinenfabrik gewesen, mein Opa mütterlicherseits Fördermaschinist auf einer Zeche über Tage. Die Großeltern mütterlicherseits wohnten in Richterich im Haus des Onkels meiner Mutter. Die Großeltern väterlicherseits wohnten in einer kleinen Mansardenwohnung in Aachen. Da nach dem Krieg die Renten sehr gering waren, zahlten ihnen ihre Kinder fünf Mark pro Monat zur Unterstützung.

Das Haus des Onkels meiner Mutter war überbelegt. In

Spitzenzeiten haben da siebzehn Personen gewohnt. Oben unter dem Dach waren zwei Zimmer, in denen lebte ein Ehepaar mit drei Töchtern. So ging das durchs ganze Haus. Als der Vater meiner Mutter 1952 starb, färbte meine Mutter ihren neuen Mantel schwarz. Den hatte sie sich extra für meine Kinderkommunion gekauft. Kamelfarben wäre auf der Beerdigung nicht gegangen.

Wir hatten ein Wohnzimmer, die sogenannte gute Stube. Die wurde aber nur sonntags benutzt. Wir hielten uns hauptsächlich in der Küche auf. Im dritten Zimmer schliefen meine Eltern und ich. Für heutige Verhältnisse untragbar. Allerdings war mein Vater öfter nicht zu Hause. Er hatte zu allen Tages- und Nachtzeiten Dienst, der auch auswärtige Übernachtungen umfasste. Hauptsächlich fuhr er Züge nach Köln oder ins Ruhrgebiet, seine Dienstzeiten betrugen zwölf bis dreizehn Stunden.

1951 bekamen wir in Richterich eine schöne Wohnung vom Wohnungsamt zugeteilt. Das war eine abgeschlossene Etage, die nur einen Nachteil hatte: Es befand sich auch eine Zwangseinweisung darin. Kriegsflüchtlinge, die eine Küche in der abgeschlossenen Etage hatten und deren Schlafzimmer sich im Dachgeschoss befand. Das bedeutete gemeinsame Diele und Toilette. 1957 sind wir dann nach Aachen gezogen, weil wir dort mittels Wohnberechtigungsschein eine Neubauwohnung erhielten. Das bedeutete allerdings Kohleöfen in Küche und Wohnzimmer, aber mit Balkon. Ich musste weiterhin mit meinen Eltern das Schlafzimmer teilen. Das ist natürlich nicht der Idealzustand, wenn man als Jugendlicher bei den Eltern noch im Schlafzimmer liegt.

Immer Kartoffeln

Ich mag keine gekochten Kartoffeln. Wahrscheinlich deshalb, weil ich sie als Kind ununterbrochen essen musste. Dazu wurde ein Stück Speck ausgelassen, das war dann die Beilage. Es war ein äußerst bescheidener Rahmen.

Wenn mein Vater mittags nach Hause kam und ich aus der Schule, dann kochte meine Mutter immer so viele Kartoffeln, dass sie davon abends Bratkartoffeln machen konnte. Wir haben damals als Dreipersonenhaushalt sieben Zentner Kartoffeln eingekellert.

Das Sonntagsgericht war immer etwas besser. Das bestand immerhin aus einer Rindfleischsuppe vorab, dann gab es Schweinefleisch mit etwas Gemüse und den obligatorischen Kartoffeln. Das Gemüse war meist schlimmer: glitschiger Porree. Ich fand das ekelhaft.

Zum Frühstück gab es Marmeladenbrote. Für alles andere war kein Geld da. Ich erinnere mich noch an ein Mädchen, das mit mir in die fünfte Klasse ging. Als der Zahnarzt in die Schule gekommen war und ihr sagte, sie solle ihrer Mutter bestellen, dass sie ihr eine Zahnbürste besorgen müsste, antwortete sie: »Dafür haben wir kein Geld.« Ihre Mutter war Schaffnerin in der Straßenbahn.

Besserung trat erst ein, nachdem mein Vater die erste Besoldungsreform erleben durfte. Die fand 1957 statt. Ab dann wurde auch Wurst gekauft, und samstags gab es auch schon mal Brötchen. Der Bäcker fuhr mit seinem kleinen dreirädrigen Auto die einzelnen Straßen ab und klingelte mit einer Glocke. Genauso wie der Milchmann, der kam aber jeden Morgen mit dem Auto vorgefahren. Man ging mit der Kanne zu ihm und kaufte frische Milch. Und wenn man mal unterwegs war, wurden Reibekuchen oder

Pommes gegessen. Aachen liegt ja an der belgischen Grenze. Und man sagt, die belgischen Mütter hätten viereckige Brustwarzen – in Pommesform.

Aachens Importware Nummer eins

Zu trinken gab es im Nachkriegs-Richterich Wasser aus der Leitung, manchmal kam Himbeersirup rein, das sollte dann Limonade sein. Das tranken auch meine Eltern. Ansonsten waren Muckefuck und Pfefferminztee angesagt. Kaffee war extremer Luxus, der wurde höchst feierlich getrunken. Das war auch die Aachener Importware Nummer eins. Die wurde herbeigeschmuggelt, zusammen mit Butter und Zigaretten.

1950 gingen beim Hauptzollamt Aachen 23 829 Anzeigen ein, denen eine Kaffeemenge von 97 586 Kilo zugrunde lag. Täglich gab es über hundert Festnahmen. Die *Aachener Zeitung* meldete zum Beispiel im Juni 1950: »Gepanzerter Cadillac mit 30 Zentner Rohkaffee beschlagnahmt.«

Nach der Währungsreform 1948 boomten die Schmuggelgeschäfte. Im Laden kostete ein Pfund Kaffee 24 DM, ein Pfund Butter 14 bis 16 DM. Der Monatsverdienst eines Lokführers betrug zu dieser Zeit 240 DM. Es wurde auch einmal eine Lokomotive angehalten, in deren Wassertank sich vier Zentner Kaffee, eingeschweißt in Gummisäcken, befanden. Für den Lokomotivführer und den Heizer gab es dafür ein Disziplinarverfahren. Sie wurden im Dienstgrad runtergestuft und erlitten dadurch erhebliche finanzielle Verluste.

Viele Zöllner waren auch bestechlich: Zwei Pakete Kaffee für dich, eines für sie. Der Schmuggel legte sich erst, als

1953 Kaffee nicht mehr so stark besteuert wurde. Bis dahin starben an der Grenze fünfzig Schmuggler und Zöllner. Damals herrschten teilweise Wildwestzustände.

Man ging aber auch ganz normal über die Grenze, einkaufen. Zum Beispiel mit der Straßenbahn von Aachen nach Vaals in Holland. Da wurde Butter besorgt und Aufschnitt. Wer dem Zoll keine Quittung für seinen Einkauf zeigen konnte, musste die gesamte Ware nachverzollen. Im belgischen wie im holländischen Grenzgebiet sprach man deutsch. Die Deutschen waren Kunden, Feindschaft gegen die früheren Kriegsgegner war nicht zu bemerken. Fuhr man aber tiefer nach Belgien oder Holland rein, war der Hass noch über Jahre deutlich spürbar. Vor Deutschen wurde teilweise ausgespuckt.

Woher die Kohlen kommen

In Richterich gab es einen Bahnhof. Und einen Bahnübergang, dessen Schranken mit der Hand gekurbelt werden mussten. Der Schrankenwärter saß in einem kleinen Häuschen, löste Kreuzworträtsel oder goss die Blumenrabatten. Und wenn ein Zug gemeldet wurde, sprang er auf und ließ die Schranke runter. Er wohnte gegenüber auf der anderen Straßenseite, hatte es also nicht weit zur Arbeit.

Für die Bahnbeschäftigten gab es die sogenannte Hausbrandversorgung. Zum Heizen bekam man Steinkohle oder Briketts nicht frei Haus geliefert, sondern musste sie sich abholen. Zweimal im Jahr hielt am Bahnhof in Richterich ein Güterzug, der Kohlen geladen hatte. Ein Waggon hatte so eine Schütte, da fuhr man mit dem Leiterwagen ran und bekam den vollgekippt. Jeweils im Sommer und im

Dezember. Den vollen Leiterwagen haben wir nach Hause geschafft, das ging aber nur sehr langsam. Vorn hat meine Mutter gezogen, hinten habe ich geschoben. Und zu Hause musste ich dann die Briketts im Keller stapeln.

Ausnahme Auto

Auf die Straßenbahnen konnte man während der Fahrt aufspringen. Dann kam der Schaffner, der hatte einen Bauchladen für Fahrscheine und Wechselgeld umgeschnallt. Ansonsten ist man Fahrrad gefahren. In meiner Familie besaß ich das einzige, meine Eltern hatten nie ein Auto, aber auch keine Fahrräder.

Ich bekam mein erstes Rad mit zehn. Ein Freund von mir war der Sohn eines belgischen Offiziers, der in Richterich in einer Villa wohnte. Nach dem Krieg waren ja im Rheinland belgische Truppen stationiert. Der Freund bekam ein neues Fahrrad und schenkte mir sein altes. Fahrradfahren hatte ich schon vorher gelernt. Das war nicht zu vermeiden. So lange treten, bis man nicht mehr umfällt. Autofahren war die große Ausnahme. Auf den Straßen konnte man noch Pferdegespanne sehen, auf den Äckern zogen Gäule die Pflüge. Ich hatte das Glück, 1952 mit dem Auto zur Erstkommunion gefahren zu werden: in einem großen amerikanischen Straßenkreuzer, wie man ihn aus den Rock-'n'-Roll-Filmen kennt. Das war ein dunkelblauer viertüriger De Soto, der wurde gefahren von Severin, dem Freund meiner Tante Kern. Er war Chauffeur bei einem Tuchhändler. Mit Severin in seiner Limousine zur Kirche vorzufahren war sensationell. Aber leider auch nur eine einmalige Angelegenheit.

Stattdessen mussten meine Mitschüler und ich jeden Samstag den schwarzen VW unseres Schuldirektors waschen und wienern. Dafür wurde uns die letzte Stunde am Samstag erlassen. Ansonsten gab es dafür nichts. Keine besseren Noten, noch nicht einmal ein Eis.

Der Direktor wohnte dreißig Kilometer von Aachen entfernt. In den ersten Jahren fuhr er die Strecke mit der Straßenbahn, das bedeutete zweimal zweieinhalb Stunden Fahrzeit. Später kam er mit dem Auto. In seiner Freizeit war er ein passionierter Jäger. Im Herbst wurden wir Kinder losgeschickt, um Eicheln und Kastanien aufzulesen. Die brachten wir in großen Tüten zur Schule. Dort wurden sie auf dem Dachboden ausgebreitet, getrocknet und dann im Winter vom Direktor an die Tiere im Wald verfüttert.

Mit Lappen und Stock

Ich kann mich an meinen ersten Schultag gut erinnern. Ich bekam von meiner Mutter eine Schultüte und bin dann mit ihr zur Schule gestiefelt. Besonders stolz war ich nicht. Auch später habe ich die Schule nie als tolles Erlebnis empfunden – das war etwas, das halt sein musste. Das Beste daran war immer, wieder nach Hause zu kommen und den Ranzen in die Ecke zu feuern.

In der Schule saßen wir zu zweit an einem Pult mit Klappdeckel. Die kann man sich heute im Museum ansehen. Tische gab es erst ab der siebten Klasse. Für den Winter gab es keine Zentralheizung. Morgens hat der Hausmeister den Ofen im Klassensaal angemacht, in den Schulstunden wurde regelmäßig nachgelegt, damit es warm blieb.

Anfangs schrieben wir mit dem Griffel auf Schiefertafeln.

Die hatte man in einer Dose dabei. Und aus dem Ranzen hing ein Lappen heraus, um die Tafel damit sauber wischen zu können. Manch einer bekam den auch von der Mutter gehäkelt. Später schrieben wir dann mit einer Feder und Tinte aus dem Tintenfass. Und zwar in lateinischer Schrift – die altdeutsche haben wir aber noch gelernt. Auch wenn ich die heute kaum noch lesen kann. Ich gewöhnte mir eine Kombination aus Schreib- und Blockschrift an.

In den ersten Klassen gab es noch den Stock auf die Finger oder auf den Hintern. Drei Schläge – und dann war es wieder gut. Das gehörte dazu. Wer sich nicht benahm, bekam eins drauf. Mir sind keine Eltern bekannt, die dagegen protestiert hätten. Der Lehrer hatte immer recht. Wenn der morgens den Klassensaal betrat, standen alle auf und sagten: »Guten Morgen, Herr Lehrer!« Und wenn es eine Lehrerin war, hieß es: »Guten Morgen, Frau Lehrerin!« Die Frau vom Dorfarzt war selbstverständlich die »Frau Doktor«, auch wenn sie keinerlei akademischen Titel hatte. In der katholischen Schule war das Schulgebet Pflicht.

Am meisten gingen mir die Diktate auf die Nerven. In den letzten Schuljahren – ich besuchte acht Volksschulklassen – wurde jeden Tag Diktat geschrieben. Offensichtlich war das für den Lehrer das Angenehmste, sich da vorn hinzusetzen, eine Lektüre zu nehmen und daraus vorzulesen. Freiwillig habe ich selbst selten etwas gelesen. Am ehesten noch die Comicstrips in der Tageszeitung. *Tom Sawyer* oder *Robinson Crusoe* – da habe ich mal reingeschaut, aber das war nie mein Ding. Ich hörte lieber die Hörspiele im Radio. Ansonsten: Aus der Schule kommen, Ranzen in die Ecke schmeißen und raus – das war's! Mein Spielzimmer war draußen, zu Hause gab es keins.

Nimm den Eimer!

Draußen zu sein hieß aber nicht immer, machen zu können, was ich wollte. Denn wir hatten einen Garten, in dem ich des Öfteren mithelfen musste. Das war ein Nutzgarten – mit Laube zum Hinsetzen war da nichts. Aber immer schauen, was der Nachbar so treibt und pflanzt. Wie akkurat ist dessen Hecke? Wie bestellt der seinen Garten? Eine Wettbewerbsshow im Gartenverein.

In unserem Garten hat hauptsächlich mein Vater gearbeitet. Er kam innerhalb der Woche auch mal morgens um fünf oder sechs Uhr nach Hause, hat sich dann vier Stunden schlafen gelegt, und dann hieß es: Ab in den Garten! In dem Augenblick war für mich der Tag schon gelaufen. Ich musste Unkraut jäten und andere Aufgaben verrichten, die ich nicht mochte. Mein Vater gab mir gern einen Eimer mit Schäufelchen und sagte: »So, jetzt gehst du mal auf die Wiese, Kuhfladen ausstechen.« Die schmiss ich dann im Garten in ein großes Wasserfass, das war das natürliche Düngemittel. Ich habe das gehasst. Ich wusste schon früh, dass ich mir nie einen Garten anschaffen würde.

Zu Hause hat meine Mutter Marmelade eingekocht. Mein Vater hat ihr aus dem Garten Blumen mitgebracht. Interessanterweise wurde der Garten am Wochenende nicht betreten. Der war also nur zur Arbeit, nicht zum Vergnügen da. Stattdessen ging es samstags in die Zinkwanne in der Küche. Heißes Wasser rein – dann badete darin die ganze Familie nacheinander. Sonntags dann Kirchgang, katholisches Hochamt um zehn Uhr. Anschließend machten die Frauen das Mittagessen, und die Männer trafen sich in der Kneipe zum Frühschoppen. Als ich sechzehn war, durfte ich auch daran teilnehmen – bei meiner Tante Kern. Die hatte mittlerweile den Chauffeur geheiratet und mit ihm eine Kneipe aufgemacht: *Zur Fons*. Dort saß nach der Kirche die gesamte Verwandtschaft beim Frühschoppen.

Allein reisen

Urlaubsreisen gab es nicht. Erstens war das nicht üblich, zweitens zu teuer, und drittens wohnte meine ganze Familie im Raum Aachen. Nur Thea, die Schwester meines Vaters, lebte im Schwarzwald in Unterreichenbach, zwischen Bad Liebenzell und Pforzheim. Sie war während der Endphase des Kriegs aus Aachen evakuiert worden und hatte dort einen Soldaten namens Hermann Nothacker kennengelernt, den sie dann auch heiratete. Wegen der schweren Kämpfe um Aachen war 1944 fast die gesamte Stadt evakuiert worden. Als die Amerikaner einrückten, lebten dort noch knapp 10 000 Menschen.

Bei den Nothackers habe ich häufig meine Sommerferien verbracht. Onkel Hermann war Goldschmied und Kleinbauer. Er besaß eine Scheune, in der zwei Pferde standen. Die gehörten einem Waldarbeiter. Wenn Bäume gefällt wurden, ist er mit den Pferden in den Wald gezogen und hat die Stämme bis zum Waldrand geschleppt. Onkel Hermann besaß auch zehn Bienenvölker, denen er sich mit Schutzmaske und Pfeife näherte. Wenn er den Honig machte, durfte ich ihm helfen. Das war sehr aufregend.

Spannend war auch, dass ich allein mit der Bahn dorthin fuhr. Das war immer eine Odyssee und dauerte den ganzen Tag. Freifahrt, zweite Klasse, denn mein Vater war ja bei der Bundesbahn. Hätten meine Eltern diese Fahrten kaufen müssen, wäre ich wahrscheinlich nie in den Schwarzwald gekommen. Damals gab es noch die dritte Klasse mit ungepolsterten Holzbänken, die wurde erst 1956 abgeschafft.

Das erste Mal fuhr ich mit meinen Eltern hin, die dann aber rasch wieder abreisten. Die Rückreise trat ich ohne Begleitung an – und ich ging auch gleich verloren. Da war ich zehn Jahre alt. Ich sollte auf dem Aachener Hauptbahnhof von meiner Mutter abgeholt werden, wurde aber übersehen. Also ging ich zu meiner Tante Kern in die Wirtschaft *Zur Fons* und sagte zu ihr: »Mich hat keiner abgeholt, und Geld habe ich auch nicht.« Ich bekam 50 Pfennig, setzte mich in die Straßenbahn und fuhr nach Richterich, wo ich keinen antraf. Denn meine Eltern waren ja auf der Suche nach mir.

Meine Mutter hatte meinen Vater auf der Arbeit angerufen: »Manfred ist nicht mit dem Zug angekommen!« Mein Vater setzte sich sofort in den nächsten Zug nach Köln, weil ich dort umsteigen musste. Meine Mutter suchte Aachen nach mir ab. In Köln war gerade Katholikentag, der Bahnhof voll mit himmlischen Heerscharen. Selbst wenn ich da gewesen wäre, wie hätte mein Vater mich finden sollen? Er fragte die Bahnpolizei, die wussten natürlich von nichts. Zurück in Aachen, ist er in die *Fons* zu seiner Schwester gefahren: »Wo ist der Manfred geblieben? Ich weiß mir keinen Rat mehr.« Sie hat ihm gesagt, dass ich vor drei Stunden schon hier gewesen sei. Große Freude, als ich endlich vor unserer Haustür gefunden wurde, wo ich die ganze Zeit gewartet hatte. So dramatisch ging es später dann nicht mehr zu.

Deutschland trifft sich in Rimini

Stattdessen ist mein Vater allein verreist. Aber nur ein einziges Mal. Das war Ende der Fünfzigerjahre zu Beginn der Italien-Reisewelle, als die Leute etwas mehr Geld hatten und über die Alpen fuhren. Da hatte man das Gefühl, ganz Deutschland trifft sich in Rimini. Einschließlich meines Vaters. Der fuhr natürlich mit dem Zug dorthin, per Bundesbahnfreifahrt. Meine Mutter war nicht dabei, die musste auf mich aufpassen. Als er wieder zurück war, meinte er, es sei wunderschön gewesen. Aber einmal Gucken reichte ihm. Seiner Frau hatte er ein Armband mitgebracht, denn Gold war in Italien preiswert.

Den ersten richtigen Urlaub habe ich mit einer Freundin gemacht. 1964, da war ich einundzwanzig. Wir flogen im Frühjahr für acht Tage nach Mallorca. Auf der Insel gab es riesige Hotelblöcke zu bestaunen, und es wurde fleißig weitergebaut. Schon bei dieser Reise dachte ich, wenn diese Bauten in der Haupturlaubszeit alle zu hundert Prozent belegt sind, dann ist es hier sicher alles andere als schön.

Schnell mit der Hand

In der Schule bin ich nicht groß aufgefallen. In meinen Zeugnissen stand unter »Führung« in der Regel »gut« oder »sehr gut«. Geprügelt wurde sich nach der Schule. Auf dem Schulhof wurde angefangen, dann kam die Aufsicht, und alle taten unschuldig. Der Restkampf begann nach Schulschluss, irgendwo um die Ecke. Es waren fast immer dieselben, die diese Kämpfe austrugen. Eben die Jungen, die glaubten, die stärksten zu sein. Die hatten sonst keine Sorgen. Ich habe mich da eher herausgehalten. Das Beste war, einen Starken zum Freund zu haben. In Richterich gab es richtiggehende kleine »Kriege«, Oberdorf gegen Unterdorf. Ich habe mich daran diskret beteiligt. Diese Kämpfe gingen relativ gepflegt vonstatten, mit der Steinschleuder hat man sich nicht bekämpft. Es wurden höchstens die Isolatoren von den Oberleitungen mit Steinen heruntergeschossen.

Nachsitzen musste niemand, weil das ja bedeutet hätte, dass der Lehrer auch noch länger dageblieben wäre. Stattdessen gab es Strafarbeiten. Die schlimmste, die ich je bekam, war sieben Wochen Erdkunde nacharbeiten. Der Lehrer kam zu mir nach Hause und sagte zu meinem Vater: »Du musst deinem Sohn mal auf die Sprünge helfen.« So ein Lehrerbesuch war das Schlimmste, was einem passieren konnte. Für mich hieß das die Ländergrenzen ziehen und alle Groß- und Hauptstädte Europas in ein Heft eintragen. Jeden Tag zwei Stunden lang. Die Ergebnisse hatte ich dem Lehrer vorzulegen. Der sagte dann: »Hm, hm. Weitermachen.«

Mein Vater war schnell mit der Hand. Wenn er am Feierabend schlecht gelaunt war, hat er mich beim Spielen auf der Straße aufgegabelt und gefragt: »Hast du deine Aufgaben gemacht?« – »Ja.« – »Komm mit nach Hause, zeigen.« Da wusste ich, jetzt dauert es maximal eine halbe Stunde, dann setzt es was.

Als ich selbst Kinder hatte, habe ich mich gefragt, was das eigentlich sollte. Vermutlich hat er als Kind genauso viel Prügel bekommen, wie er sie mir verabreicht hat. Er hätte doch merken müssen, dass das oft sehr ungerecht war. Aber er hat nichts daraus gelernt. Ich habe meine Kinder jedenfalls nicht geschlagen.

Feuer machen

Einmal bin ich in Richterich zusammen mit einem Freund über den Zaun in den Park einer Villa geklettert. Dort stand ein kleiner Heuschober, in dem auch Torf gelagert wurde. Wir fanden das sehr dekorativ und haben auf den Torfballen etwas Heu gelegt, von zu Hause Streichhölzer geklaut und es angezündet. Darüber haben wir uns sehr gefreut. Als es abgebrannt war, sind wir nach Hause gegangen. Anderthalb Stunden später hörten wir die Feuerwehr. Der Schober hat gebrannt. In die Glut muss der Wind reingefahren sein. Mein Freund war der Sohn des Bürgermeisters, der von Polizei und Feuerwehr informiert wurde. Er fragte rein prophylaktisch seinen Sohn.

«Warst du eventuell dabei?« – »Das sage ich nicht.« Wumm!, hat er sich erst mal eine Abreibung geholt. So lange, bis er gesagt hat, ja, er wäre dabei gewesen, aber er hätte das Feuer nicht angezündet. Dann kam der Bürgermeister rüber, zu uns nach Hause. »Hast du das Feuer gemacht?« – »Ja, ja.« Der Schaden betrug 1500 DM, verdammt viel Geld in den Fünfzigerjahren. Mein Vater hatte Gott sei dank drei Monate davor eine Versicherung abgeschlossen. Sonst hätte er mich wahrscheinlich totgeschlagen.

Freunde und Außenseiter

Meine Freunde kamen querbeet aus allen sozialen Schichten. Eisenbahnerkinder, Arbeiterkinder, Handwerkerkinder und Kinder von Geschäftsleuten. Es war egal, wo man herkam. Ein Freund von mir kam aus Ostpreußen. Die waren zu Hause sieben Kinder, der Vater war Schneider. Mein

Freund hatte es nicht einfach. In der damaligen Zeit des Mangels wurden die Flüchtlinge aus dem Osten im Westen nicht gerade freudestrahlend begrüßt. Obwohl sie nur sehr wenig oder nichts an Hab und Gut mitbrachten. Wenn sich heute »Wessis« über »Ossis« aufregen, ist das nichts Neues. Diesen Typus hat es immer gegeben.

Ein anderes Problem war die Religion. In meiner Volksschulklasse hatte ich einen einzigen Mitschüler, der war evangelisch. Alle anderen waren katholisch. Ich war auch bei den katholischen Pfadfindern mit Uniform, Lagerfeuer, Knotenlernen, Krähenfüße malen und allem Pipapo. Das war schwer in Ordnung. Die Kinder der Ostflüchtlinge gingen da nicht rein. Denn sie waren in der Regel evangelisch.

Das war dann die Steigerung, denn den Protestanten hat man sowieso nicht getraut. Meine Cousine hat einmal meine Mutter gefragt, als beide in den Bus einstiegen: »Schau mal, dahinten ist das evangelische Nachbarskind. Darf die auch mit dem Bus fahren? Die ist doch evangelisch.« Das klingt wie ein Scherz, ist aber keiner.

Dreimal drei Stunden

Mein Vater vertrat immer die Auffassung, dass man im blauen Arbeitsanzug kein Geld verdienen kann. Aus diesem Grund sollte ich etwas Richtiges lernen. Die letzten zwei Jahre meiner Schulzeit ging ich dreimal die Woche nachmittags zusätzlich für drei Stunden auf eine Privathandelsschule. Da habe ich Schreibmaschine, Stenografie und Buchführung gelernt. Das hat mir richtig gut gefallen. Ich hatte nach dieser Zeit 120 Silben Stenografie und

240 Anschläge pro Minute. Zwischen Kopf und Händen befand sich ein Karton, sodass ich blind schreiben musste. Zu Hause üben ging nicht, weil wir keine Schreibmaschine hatten. Das verlernt man trotzdem nicht. Aber ich könnte heute nicht mal mehr meinen Namen stenografieren.

Alemannia, theoretisch und praktisch

Als ich neun Jahre alt war, nahm mich mein Vater erstmals ins Tivoli-Stadion von Alemannia Aachen mit. Der Klub war immer ganz gut, aber nie berühmt. Damals spielte er meistens in der oberen Tabellenhälfte der Oberliga West. Als die Bundesliga 1963 gegründet wurde, wurde Aachen nicht berücksichtigt. Dagegen wurde erfolglos vor Gericht gezogen. Zweimal war Aachen in der Bundesliga, einmal wurden sie sogar Vizemeister (1969), um dann in der nächsten Saison als Tabellenletzter wieder abzutreten. Außerdem wurde zweimal das Pokalfinale verloren (1954 und 2004).

In den Fünfzigerjahren waren die Stadien noch keine Hochsicherheitstrakte. Auf dem Tivoli gab es gegenüber der Haupttribüne zwischen Spielfeld und Stehplatztribüne eine Bank, die sich über die gesamte Spielfeldlänge erstreckte. Da haben wir gesessen. In der allerersten Reihe.

Die genialen Potenziale der Alemannia waren immer sehr theoretisch. Ein Freund von mir – er kam aus gutem Hause, ging aufs Gymnasium und kannte alle Fußballspiele, weil er sich montags immer den *Kicker* kaufte und auswendig lernte –, dieser Freund betete die Alemannia-Spielaufstellungen runter, analysierte ihre Niederlagen und fragte uns ab, als wären wir seine Schüler: »Wie hat am Wochenende Pirmasens gespielt? Wie Rot-Weiß Oberhausen?« Der fuhr eine Avanti, ein Moped. Wer als Erster zehn richtige Antworten gab, durfte damit eine Runde drehen.

Ich selbst habe auch Fußball im Verein gespielt. Ich fing erst in der A-Jugend von Rhenania Richterich an, jüngere Mannschaften gab es nicht. Mit achtzehn wechselte ich in die Reservemannschaft. Ich spielte als rechter Läufer. Nach Ende meiner Lehrzeit hat es nicht lange gedauert, und ich habe in Wechselschicht gearbeitet. Keine Trainingsbesuche, kein Stammspieler – Ende der Fußballkarriere.

Schießen, knutschen, boxen

In Richterich war der Schützenverein der gesellschaftliche Mittelpunkt. Mein Opa war der Ehrenpräsident. Wenn beim Schützenfest der Schützenkönig ausgeschossen wurde, war das ganze Dorf auf den Beinen. Kaum stand derjenige fest, machte dessen Frau einen Blitzbesuch beim Friseur, was sie sonst nicht getan hätte, doch für die Schützenkönigin war das ein Muss.

Aber um dem Mädchen seines Herzens auf dem Rummel eine Plastikrose zu schießen, musste man nicht Mitglied im Schützenverein sein. Das konnte man auch so schaffen. Und mit dem Mädchen seines Herzens ist man dann bevorzugt in die Raupenbahn gegangen. Die fuhr immer im Kreis hoch und runter, und wenn das Verdeck zuklappte, gab es zaghafte Küsse. Die zweite große Sensation auf der Kirmes waren in den Fünfzigerjahren die Boxzelte. Da stand ein sichtlich abgehalfterter angeblicher »Altmeister« im Ring, und der Ringrichter und Ansager in einer Person schrie: »Welcher starke Mann schafft es, gegen den berühmten Champion der Champs zwei Minuten im Seilgeviert durchzuhalten?« Es meldeten sich junge Burschen, und die fielen dann wie die Fliegen. Selbst wenn sie wacker kämpften, landete der »Altmeister« irgendwann einen gezielten Schlag unter die Gürtellinie, damit die auch ja zusammenklappten. Nie habe ich einen Sieger erlebt, der aus dem Publikum kam. Das Geschrei der Zuschauer war aber ohrenbetäubend, genauso wie unter dem Verdeck der Raupenbahn.

Das schickste Möbelstück

Fernsehen fing erst mit der Fußball-WM 1954 in der Schweiz an. In Richterich gab es eine Gastwirtschaft mit großem Saal, in dem ein Fernsehapparat stand. Davor saßen zweihundert Menschen, von denen nur die in den ersten drei Reihen etwas sehen konnten. Und wir Kinder, die wir vor der ersten Reihe auf dem Boden lagen und hochschauten. Außerdem war der Musikverein von Richterich anwesend. Nach jedem Tor für die deutsche Mannschaft ging es zur Sache. Tärä, tärä! Aber weil das Bild so flimmerte, war zur Sicherheit noch das Radio eingeschaltet. Das war wiederum etwas zu leise. Auch wenn Bild und Ton schlecht waren, die Spiele waren trotzdem für alle sehr aufregend. Die deutsche B-Elf verlor 3:8 gegen Ungarn in der Vorrunde, gewann 7:2 gegen die Türkei im entscheidenden Gruppenspiel, spielte 6:1 gegen Österreich im Halbfinale – und dann der 3:2-Sieg gegen Ungarn im Endspiel von Bern. Unglaubliche Ereignisse.

Die ersten privaten Fernsehabende fanden Ende der Fünfzigerjahre bei meiner Tante Maria in Aachen statt. Die besaß ein Fernsehgerät. Samstags gingen meine Eltern mit mir dahin, die Spielshow von Hans-Joachim Kulenkampff schauen. Das war der kulturelle Höhepunkt der Woche. Damals gab es ja nur ein Programm. Es stießen noch Nachbarn hinzu, und alle saßen wie im Kino vor dem Apparat, der als das schickste Möbelstück der Wohnung galt. Zwischendurch stand mein Onkel auf und holte fünf Fläschchen Bier aus der Wirtschaft nebenan. Wenn das Programm beendet war, gingen wir eine halbe Stunde zu Fuß nach Hause. Und wenn die nächste Woche begonnen hatte, wurde besprochen, was samstags im Fernsehen läuft. Es wurde sich vor dem und für den Fernseher verabredet.

1959 kaufte mein Vater dann einen Fernseher für uns. Abends setzten sich meine Eltern davor und guckten, was kam. Ich bin lieber ausgegangen. Oder ich stand mit meiner Freundin auf dem Balkon ihrer Eltern und habe ein Zigarettchen geraucht. Die wohnte gleich nebenan. Da gab es noch die Packungen, in denen nur drei Stück drin waren. Oder die Nobelmarke Peter Stuyvesant im ganzen Päckchen, der Duft der großen weiten Welt.

Rock 'n' Roll im Anzug

Wenn ich mit der Freundin mal ausging, war das finanziell sehr übersichtlich. Du wusstest, wenn du jetzt diese Packung Zigaretten ziehst, dann hast du noch eine Mark fünfzig in der Tasche. Und dann gibst du zwei Getränke aus, dann sind die zwei Mark aufgezehrt. Getrunken wurde selbstredend Cola.

Als ich Maschinenschlosserlehrling war, verdiente ich im ersten Jahr monatlich 25 Mark, im zweiten 45 und im dritten 65. Das habe ich fast alles zu Hause abgegeben. Finanziell führte ich ein äußerst übersichtliches Leben. Ästhetisch war auch alles geregelt. Lange Haare waren verboten – aber lange Haare, das hieß ein Zentimeter über dem Ohr. Darauf wurde sehr geachtet. In der Lehre kam mir eines Tages der Dienststellenleiter entgegen und schnauzte mich an: »Reden Sie mit Ihren Eltern über Ihre Frisur! Wenn Ihre Eltern kein Geld haben, kommen Sie gleich morgen zu Dienstbeginn in mein Büro und kriegen von mir zwei Mark und gehen sofort zum Frisör!« Am nächsten Morgen erschien ich bei ihm frisch frisiert.

Wenn ich in Jeans, die damals noch Nietenhosen genannt wurden, nach Hause gekommen wäre, hätte mir mein Vater die Hose verbrannt. Die konnte ich erst anziehen, nachdem ich volljährig war. Aber ich habe mich schon vorher für Anzüge entschieden, die trage ich heute noch. Ende der Fünfzigerjahre kam Rock 'n' Roll groß in Mode. 1957 machte Bill Haley seine erste Europa-Tournee, 1958 kam Elvis Presley als GI nach Deutschland. In Aachen tauchten sie nie auf, aber die Milchbar war trotzdem voll. Da lief nonstop deren Musik in der Musikbox. Dort gab es nur Milchshakes, Eis und Kaffee, keinen Alkohol. Der floss dann erst in den Rock-'n'-Roll-Bars, die in Aachen Anfang der Sechzigerjahre wie die Pilze aus dem Boden schossen. Dort spielten auch einheimische Bands die Hits nach, die man jeden Dienstagnachmittag um 17 Uhr von Chris Howland im WDR-Radio vorgespielt bekam.

Die erste Schallplatte, die ich mir kaufte, war von Caterina Valente: *Wo meine Sonne scheint*, 1957. Wir hatten mittlerweile auch einen Plattenspieler, der stand im Wohnzimmer. Meine Eltern hörten Operetten und Schlager, Rudolf Schock oder Margot Eskens. Ich durfte auch Musik hören, aber in einer angemessenen Lautstärke, wie mein Vater sagte. Und natürlich bestimmte er, was angemessen war. Um Musik laut zu hören, musste ich in die Tanzkeller gehen. Ich zog eine schwarze Hose an und neckische Ringelsöckchen zu italienischer Schuhmode. Dazu trug ich ein cowboyartiges Hemd wie Wyatt Earp mit einer dünnen Krawatte, vorn mit Perlmutt und einem Totenkopf drauf, das war der letzte Schrei. Weil meine Haare nicht so lang waren, konnte ich eine Elvis-Tolle nur andeuten. In den Rock-'n'-Roll-Büdchen gab es auch welche, die hatten die echte Elvis-Mähne. Das waren Arbeiterkinder, die waren dann eher auf Krawall gebürstet. Man nannte sie die Halbstarken. Manche von denen trugen auch Lederjacken. Und wer sich so eine leisten konnte, der musste schon ein paar Diebeszüge hinter sich gebracht haben, denn die waren sehr teuer.

In den Tanzkellern habe ich aber nie getanzt. Das bereitete mir keine Freude. Ich habe mich auch erfolgreich davor gedrückt, in die Tanzstunde zu gehen. Was ich da versäumt hatte, merkte ich spätestens, als ich 1989 zum Bundesvorsitzenden der GDL gewählt wurde. Auf der Bühne stand die Sängerin einer Showband, mit der sollte ich auf einmal tanzen. Der Saal hat getobt. Daraufhin nahm sich der Ortsgruppenvorsitzende von Bebra eine Getränkeliste, die auf dem Tisch lag, und schrieb mit Kugelschreiber: »Hiermit spendieren wir Manfred Schell zehn Tanzstunden in Bebra.« Den Zettel habe ich heute noch.

Klenkes und Karneval

Früher war Aachen die Stadt der Nadel- und Tuchfabriken. Es gab dort bestimmt zweihundert Betriebe. Die letzte Nadelfabrik hat 2004 dichtgemacht. In meiner Kindheit hatte noch jede Familie eine Nähmaschine. Aufgrund der Nadeltradition erkennen sich bis heute die Aachener, wenn sie sich irgendwo auf der Welt begegnen, an einem bestimmten Gruß – mit dem Klenkes. Das ist neben dem Dom ihr Wahrzeichen. Dazu hebt man die rechte Hand hoch und spreizt den kleinen Finger ab. Mit dem kleinen Finger, dem Klenkes, haben die Arbeiterinnen die schadhaften Nadeln auf dem Fließband aussortiert. Von dem Industriezweig ist nichts mehr geblieben. Stattdessen heißt die Stadtzeitung *Klenkes*.

Aachen ist ja Rheinland, es gilt der Spruch: »Et kütt, wie et kütt, un et hätt noch immer jot jejange.« Man nimmt die Dinge nicht so ernst wie anderswo. Und feiert selbstverständlich Karneval, bei dem aber anders als in Köln oder Düsseldorf kein obergäriges Bier, sondern Pils getrunken wird. In Aachen ruft man »Alaaf« und nicht »Helau« wie in Düsseldorf. Die Aachener Fastnacht beginnt am Donnerstagmittag mit dem Weiberkarneval. Es wird aber nicht konstant bis Dienstag gefeiert, Freitag und Samstag ist Pause. Sonntag geht es dann wieder los mit dem traditionellen Kinderumzug der Aachener Schulen, die auch einen Kinderprinzen küren. Ihm folgt der Rosenmontagszug, und dienstags wird dann schon morgens angefangen zu trauern, dass bald alles zu Ende ist.

Als ich schon bei der GDL in Frankfurt angestellt war, ist es mir noch passiert, dass ich am Altweiberdonnerstag im Büro saß und aus dem Fenster geblickt habe und dass die Sonne schien und ich mich dann fragte: »Was würdest du jetzt machen, wenn du in Aachen wärst? Dann wärst du so allmählich mit dem Frühstück fertig, würdest dich zurechtmachen und dann so um halb zwölf auf dem Markt stehen.« Ich bin aufgestanden, zu meinem Chef gegangen und habe ihm gesagt: »Heute ist im Westen des Landes ein hochheiliger Feiertag. Wenn ich da fehle, bekomme ich Depressionen. Kann ich frei haben?« Dann bin ich in meine Wohnung gedüst, habe gepackt, mich ins Auto geschmissen – und es ging ab nach Aachen.

»Das war der Krieg«

Nach dem Zweiten Weltkrieg war Aachen ein einziger Trümmerhaufen. Die Stadt war zu 60 Prozent zerstört. Die Erwachsenen sagten: »Das war der Krieg.« Warum Krieg geführt worden war, wurde nicht erklärt. Über die Nazizeit wurde nicht gesprochen, schon gar nicht mit Kindern. In der Schule hatten wir im Geschichtsunterricht Kaiser Karl als großes Aachener Thema, ansonsten kamen wir bis zum Jahr 1930. Die Verbindung zwischen jüngster Vergangenheit und Gegenwart war abgerissen. Mein Onkel Hubert, ein Vetter meiner Mutter, war bei der Leibstandarte Adolf Hitler, dem SS-Verband, der die Nazibonzen bewachte. Hubert kam 1948 aus der Gefangenschaft. Man hatte ihn in Norwegen zum Tode verurteilt, doch er ist dann begnadigt worden, nachdem der katholische Pfarrer und sogar der ursozialdemokratische Bürgermeister von Richterich sich für ihn eingesetzt hatten, weil man ihm anscheinend persönlich nichts vorwerfen konnte. Hubert war nicht der einzige frühere Nazi in meiner Verwandtschaft gewesen, aber er hat später nicht das große Wort ergriffen und ist auch keiner Partei mehr beigetreten. Als er noch bei der Leibstandarte war, bekam er einmal Probleme. Es war ihm ausdrücklich untersagt worden, in Uniform kirchlich zu heiraten, er hat es aber trotzdem getan. Wenn er in dieser

Uniform in Richterich auftauchte, war er eine große Nummer. Bei Kriegsende haben seine Eltern alle seine Abzeichen und Briefe im Garten verbuddelt.

Die berühmt-berüchtigte Handvoll

Über die Nazizeit wurde erst Ende der Sechzigerjahre mehr gesprochen, als die APO, die Außerparlamentarische Opposition, aufkam und unter anderem gegen die Notstandsgesetze protestiert wurde. In Aachen lebten damals zwar 30 000 Studenten, doch die meisten wollten Elektrotechnik, Maschinenbau oder Bauingenieurwesen lieber schnell hinter sich bringen, als ewig zu demonstrieren. Der Aachener AStA wurde dennoch von Parteilinken beherrscht. Ich habe mir die Kundgebungen auf dem Rathausplatz interessiert angehört, mich aber nicht an den Demonstrationen beteiligt. Ich hatte den Eindruck, das kippt schnell in eine politische Radikalität, die nicht die meine war. Das wurde mir spätestens mit der Kaufhausbrandstiftung in Frankfurt 1968 klar.

Trotzdem kam viel frischer Wind in eine eingestaubte Gesellschaft. Die APO hatte in der studentischen Jugend einigen Zuspruch.

Je jünger man war, desto mehr wollte man verändern. Weg von dieser – wie sie es nannten – Gartenzwergmentalität der langweiligen Elterngeneration. Endlich mal alte Zöpfe abschneiden. Am erfolgreichsten agierten die Protestler, wenn es ihnen gelang, mit ihren Themen in direkte Beziehung zu den normalen Bürgern zu treten. Zum Beispiel 1969/70 mit den »Roter Punkt«-Aktionen in vielen Großstädten. Weil die Fahrpreise im öffentlichen Nahverkehr stiegen, wurde er von vielen boykottiert, und man nahm sich gegenseitig kostenlos in Privatautos mit. Man erkannte sich daran, dass vorn an der Windschutzscheibe ein roter Punkt klebte. Sympathien gab es auch in der Schulpolitik. 1969 kam Willy Brandt an die Regierung und erklärte, wie wenig Abiturienten es in Deutschland gibt und wie viele dagegen in Schweden. Das hatte eine Signalwirkung. Auch wenn zum Schluss zwar die Lehrer besser bezahlt, aber trotzdem die Schüler nicht intelligenter wurden.

Meistens kam der Protest nicht über bestimmte Zirkel hinaus. Und wer sich in Zirkeln aufhält, beschäftigt sich logischerweise hauptsächlich mit sich selbst. Von denen, die sich als Revolutionäre gefühlt haben mögen, sprang kein Funke auf die Bevölkerung über. Die breite Masse fühlte sich von Straßenschlachten mit der Polizei nicht angesprochen. In Aachen hat man in den Betrieben keine Revolte feststellen können. Die Leute, die die Arbeiter agitieren wollten, blieben die berühmt-berüchtigte Handvoll. Bei den Malochern konnten die wirklich keinen Boden gewinnen. Die Mehrheit der Aachener Bürger wählte zu dieser Zeit CDU.

Kapitel II: Auf der Lok

Vom Viehwaggonreiniger zum Dampflokführer

Als ich nach der achten Klasse mit der Volksschule fertig war, stand die berühmte Frage an: Was willst du werden? Ich hatte keine Ahnung. Also bin ich mit meinem Vater zum Arbeitsamt gegangen und habe einen Test gemacht. »Spielst du gern mit Schrauben? Hast du schon mal dein Fahrrad repariert? Weißt du, wo dein Vater sein Werkzeug aufbewahrt?« – »Ja, ja.« – »Klarer Fall, du wirst Maschinenschlosser.«

Und so habe ich im April 1957 eine solche Lehre in einem Industriebetrieb, den es heute nicht mehr gibt, begonnen. Zu diesem Zeitpunkt war ich vierzehn Jahre alt.

Die Firma hatte ungefähr 300 Beschäftigte und produzierte Maschinen unter anderem zur Herstellung von Keramikfliesen. Neben der Sparte Maschinenbau gab es eine Gießerei und zur Fertigung von Gießformen eine Schreinerei. Fortan rödelte ich da nun rum als klassischer Stift. Dass ich dabei vom Vorarbeiter nicht geschlagen wurde, war auch schon alles.

Der Stift geht um

Morgens musste ich mit einem Zettelchen herumgehen und die Arbeiter fragen, wie viele Brötchen und ob ich Kakao oder Milch für die Frühstückspause besorgen sollte. Natürlich brachte ich auch die *Bild*-Zeitung mit. Wenn freitags die Berufsschule um 14 Uhr zu Ende war, musste ich wieder in die Firma radeln, kehren und die Werkstatt aufräumen.

Als Auszubildender musste man all das machen, was die anderen nicht machen wollten. Einkaufen, putzen, Ordnung schaffen. Mit einem Gesellen und noch einem anderen Lehrling wurde mal dieses, mal jenes gearbeitet. Da wurde nicht lange nachgefragt. Es war eine seltene Ausnahme, dass sich der Vorarbeiter hingestellt hat, um einem das Feilen beizubringen.

Wenn man vierzehn ist, empfindet man die Fünfzigjährigen als steinalt. Die Aussicht, in dieser Firma auch so alt zu werden, machte mich fertig. Die Arbeit war insgesamt anstrengend und monoton.

Ab zur Bahn!

Noch im ersten Lehrjahr ging ich zu meinem Vater und sagte ihm, ich hätte Interesse daran, Lokführer zu werden. Er sagte, ich sollte erst mal meine Lehre beenden. Ich meinte, es wäre doch schön, wenn ich die bei der Eisenbahn fortsetzen könnte. Das fand er dann gar nicht so dumm.

Mein Vater hatte gute Beziehungen zum Maschinen-Amtsvorstand, das war in der damaligen Beamtenbahn eine hochgestellte Persönlichkeit. Er ist zu ihm hingegangen und hat vorgefühlt: Mein Wechsel zur Bahn schien nicht völlig ausgeschlossen. Und dann ist er mit mir zum Vorstellungsgespräch gegangen. Vorher musste ich zum Frisör, meine Haare auf militärische Länge kürzen und mit Haaröl einfetten, damit sie gut anlagen. Der Amtsvorstand hat sie jedenfalls klaglos hingenommen. Mein Vater fand mein Auftreten bei dem Gespräch nicht so beeindruckend. Wahrscheinlich hatte ich zu frei geantwortet und war für seinen Geschmack nicht demütig genug gewesen.

Schließlich durfte ich zum 1. April 1958 meine Lehre bei der Bahn beginnen beziehungsweise meine Ausbildung zum Maschinenschlosser fortsetzen. Mein erstes Lehrjahr wurde mir angerechnet. Ich kam in die Lehrwerkstatt Aachen-Hauptbahnhof. Im Gegensatz zu der Firma vorher war hier eine fundierte Ausbildung garantiert. Und ich wusste, dass die Mehrheit der Lokomotivführer als Schlosser angefangen hatte. Nach einem Jahr wurde die Lehrwerkstatt in das Bahnbetriebswerk Aachen-West verlegt.

Was rausmuss, muss raus

In Aachen-West gab es auch eine Ausbesserungswerkstatt für Lokomotiven und Güterwaggons. Doch als ich meine Lehre abgeschlossen hatte, war weder in der Lok- noch in der Güterwerkstatt ein Arbeitsplatz für Handwerker frei. Ich hatte zwei Möglichkeiten: entweder in meinem erlernten Beruf in der Privatindustrie arbeiten oder als Hilfsarbeiter bei der Bahn bleiben und warten, bis eine Stelle frei wird. Ich entschied für mich Letzteres.

In Aachen-West gab es keinen Kohlenkran. Wir erledigten alles schön mit der Hand. Die Kohlenbühne, an der die Tender der Dampflokomotiven mit Kohle versorgt wurden, war ein Ort des Horrors. Das waren ja keine Eierkohlen, die man schaufeln musste, sondern ziemliche Kawenzmänner. Der Stil der Schaufel war kurz, aber das Schaufelblatt riesig. Die Kohle kam in Waggons an. Man war froh, wenn man den Waggon so weit leer geschaufelt hatte, dass man nicht mehr in den Kohlen drinstand, sondern unten auf dem Boden. Das hatte aber auch wieder einen Nachteil: Je leerer der Waggon wurde, desto länger musste man mit der Schaufel laufen. Wenn du ganz hinten warst, musstest du wieder nach vorn zur Tür laufen. Das war Knochenarbeit: eine Tagesleistung von 20 Tonnen, die da zu schaufeln waren. Am Lohntag fanden in der Kneipe nahe der Lohnzahlstelle fröhliche Feste statt.

Ich war auch als Rohrbläser tätig. Das war ebenfalls keine Tätigkeit, bei der man sich ausruhen konnte. Der Rohrbläser machte bei der Lokomotive vorn die große Luke auf und blies die Rohre des Dampfkessels mit einem langen Blasrohr frei – mit Pressluft, die mit einem Fußpedal reguliert wurde. In den Rohren lagerte sich Flugasche vor der Rauchkammer ab. Diese sogenannte Schlacke wirkte isolierend und musste beseitigt werden, damit die Wärme gut durch die Siederohre fließen und das Wasser zum Erhitzen bringen konnte, um Dampf zu erzeugen.

Das Rohrblasen geschah nicht nach jeder Fahrt der Lokomotive, sondern im Rahmen einer Grundreinigung. Nach einem vorgeschriebenen Intervall wurde die Lokomotive überarbeitet, ihr Kessel ausgewaschen, die Bremsklötze ausgewechselt und so weiter.

Auf Knien putzen

Eines Tages erschien ein Mitglied des Personalrats, denn die Bahn gehörte zum öffentlichen Dienst. Er teilte mir mit, dass eine Stelle frei sei – in der Viehwagenreinigung. Dort erhielt man Schichtzulage und Schmutzzulage, einfach ein bisschen mehr Geld. Für drei Monate arbeitete ich dort in einer Gruppe von sechs Mann.

Am meisten zu tun hatten wir montags und dienstags, weil die Viehtransporte am Wochenende zum Aachener Schlachthof fuhren. Dort wurden die Tiere in die Gatter getrieben. Die leeren Waggons kamen anschließend in die Viehwagenreinigung. Und da standen sie dann hübsch aufgereiht und total verschmutzt. Ich bin mit meinen 1,87 Metern auf den Knien durch die untere Etage der Viehwagen gerobbt und habe mit einer großen Schaufel mit kurzem Stil Sand und Kot entfernt. Ich war froh, wenn ich eine Etage höher kam und wenigstens im Mittelweg einigermaßen gerade stehen konnte. In den Schweinewagen musste ich kriechen, in den Waggons für Pferde und Kühe arbeitete ich im Stehen.

Die leichtere Aufgabe bestand darin, die Waggons anschließend mit Heißwasser auszuspritzen. Das haben natürlich die Leute gemacht, die dort schon zwanzig Jahre gearbeitet haben. Und ganz zum Schluss kam der Boss und ist dann noch mit einer Spritze durch die Waggons gegangen und hat sie desinfiziert.

Ich bin dann lieber Heizer geworden und auf der Dampflokomotive mitgefahren. Und da lief es dann so: Derjenige, der rechts steht, ist der Chef, und der andere ist der Heizer. Wenn so ein gestandener Lokführer das schon Jahrzehnte macht und der Heizer dreißig Jahre jünger ist, dann waren das Herr und Knecht. Klare Verhältnisse. Das änderte sich, als ich schließlich zur Bundeswehr kam, um meinen Wehrdienst zu leisten.

Vor Rumpsteak wird gewarnt

In Stade absolvierte ich die Grundausbildung, anschließend eine dreimonatige Zusatzausbildung als Kfz-Schlosser in Stadtallendorf. Zurück in Stade, hatte ich das große Glück, dass der Spieß eines Morgens beim Appell vor die Kompanie trat und rief: »Für das Offizierskasino werden Ordonnanzen gesucht – Freiwillige vor!« Ich habe nicht lange gezögert. Kellner für die Offiziere zu sein war auf jeden Fall besser, als mit dem Schraubenschlüssel unter Fahrzeugen zu liegen. Der Adlatus des Bataillonskommandeurs wollte mich dann in Augenschein nehmen. Er war sehr skeptisch und meinte: »Wir suchen Ordonnanzen für das Offizierskasino und keine Maschinenschlosser!« Ich erzähle ihm, dass ich am Wochenende in der Kneipe meiner Tante oft aushilfsweise bedienen würde. Das war eine Notlüge, ich hatte zwar mal mit dem Gedanken gespielt, getan hatte ich es jedoch nie. Aber es war das entscheidende Argument für mich als Ordonnanz.

In der Praxis war das Kellnern – wie erwartet – nicht schwer. Die älteren Offiziere wohnten alle am Standort, lebten in ihren nahe gelegenen Wohnungen zusammen mit ihren Familien. Im Offizierskasino hielten sich mehr oder weniger nur Fähnriche und Offiziere bis zum Oberleutnant auf, also die Jüngeren. Die guckten am liebsten fern. Und dabei wollten sie nicht weiter gestört werden.

Mein Dienst begann nachmittags um 17 Uhr und dauerte so lange, bis der Letzte ging, da das Abschließen noch mit zu meinen Aufgaben gehörte. Das wiederum hatte zur Folge, dass ich ein Zimmer für mich allein bekam. Ich zog nachmittags um 16 Uhr meine Ausgehuniform an, um meinen Dienst anzutreten. Und abends, nach dem Fernsehen oder Skatspiel, gegen 21 oder 22 Uhr, habe ich dann noch Bratkartoffeln oder ein Spiegelei zubereitet – was ich in der Küche eben so fand. Das war ein ziemlich angenehmes Leben.

Ich hatte nur einen einzigen peinlichen Auftritt, als einmal ein Dreisternegeneral mit Gefolge zu Besuch kam. Der saß neben dem Bataillonskommandeur, die anderen Offiziere in U-Form davor. Ich hatte mit meinem Ordonnanzkollegen ausgemacht: Du beginnst mit dem Bedienen beim General, und ich mache die Runde vom Bataillonskommandeur aus. Das lief alles ganz prima – bis zu dem Augenblick, als die Hauptspeise aufgetragen wurde. Es gab Rumpsteak, serviert von großen Platten. Die waren nicht schwer, nur hatte ich nicht beachtet, dass darin unglaublich viel Bratenfett schwamm. Als ich servieren wollte, habe ich den Bataillonskommandeur komplett mit dieser fettigen Soße übergossen. Wie in einer Slapstickkomödie. Der saß wie versteinert da und hat sich nichts anmerken lassen. Ich wäre am liebsten in ein tiefes Loch im Erdboden versunken. Stattdessen kam ich mit heißem Wasser angerannt und habe an dem Kommandeur herumgeputzt. Es war fürchterlich. Ich war anschließend nicht mehr in der Lage, auch nur ein Glas Rotwein einzuschenken, ohne dass jedes Mal etwas danebenging. Dieser Vorfall wurde mir glücklicherweise nicht zum Nachteil ausgelegt.

Heiraten aus Kostengründen

Was macht man, um seinen kargen Bundeswehrsold aufzubessern? Man heiratet. In der DDR hat man geheiratet, um eine Wohnung zu bekommen. Das kann ein Bundeswehrgefreiter schon lange. Um mein kärgliches Salär aufzubessern und eine höhere Abfindung nach der Militärzeit zu erhalten, heiratete ich meine damalige Freundin. Diese Ehe hat dann sage und schreibe achtzehn Monate gedauert. Nach der Bundeswehr hat sie noch ein Jahr gehalten. Kinder gab es keine.

Über die Zukunft habe ich mir aber auch bei der Bundeswehr meine Gedanken gemacht und mich bei der Bahn als Lokomotivführer beworben. Hierzu musste ich mir Urlaub nehmen und nach Köln fahren, um eine Prüfung abzulegen. Rechnen, Schreiben, Diktat.

Der Höhepunkt war die sogenannte physio-technische Prüfung. An der Wand hing ein Apparat, der sollte einen Bahnhof darstellen, auf dem Züge über die Gleise fahren. Sämtliche Waggons endeten auf einem Gleis. Es galt, durch Verzögern der Geschwindigkeit den Zusammenstoß der Fahrzeuge zu verhindern. Eine weitere Aufgabe bestand darin, nummerierte Plastikchips, die aus einer Maschine geworfen wurden, in einem kurzen Zeitintervall in die für sie vorgesehenen Löcher einzuwerfen.

In den letzten Tagen meines Wehrdienstes bekam ich Post von der damaligen Bundesbahndirektion Köln, dass ich in die Laufbahn zum Lokomotivführer aufgenommen würde. Die entsprechende Ausbildung begann ich am 3. Mai 1965.

Auf der Reservebank

Der Lokomotivführer war eine Beamtenlaufbahn des mittleren technischen Dienstes. Entsprechend bürokratische Titel waren zu vergeben: Zuerst war man Reservelokomotivführer z. A. (zur Anstellung), dann Reservelokomotivführer, schließlich hieß man Lokomotivführer. Zur damaligen Zeit endete die Laufbahn als Oberlokomotivführer.

Im Prinzip machte man einen Führerschein, der aber mit der Erteilung der Fahrerlaubnis für das Auto nicht zu vergleichen ist. Meinen Autoführerschein machte ich nach meiner siebten Fahrstunde. Bei der Fahrschule der Bahn fährt man auch mit seinem Fahrlehrer, nur hat der keine extra Bremse oder ein eigenes Gaspedal. Es gibt Lehrgänge für die einzelnen Loktypen und schließlich die Fahrprüfung. Ab dem Dienstgrad Reservelokführer durfte man eine Lok führen, fuhr aber in der Regel nur als Heizer bei einem anderen Lokomotivführer mit. Und manchmal sollte man unerwarteterweise aushelfen, wenn die älteren Herrschaften mal samstags oder sonntags krank wurden. Dann freute man sich riesig, weil man eine Schicht als Lokführer fahren durfte.

Die feinen Unterschiede

Jede Lokomotive ist unterschiedlich und erfordert besondere Lehrgänge, um die Technik der Maschine zu beherrschen. Ich machte meine Ausbildung auf den Dampfloks der Baureihen 50 und 55. Das waren Güterzuglokomotiven. Für den Personenzugbereich wurde ich auf den Baureihen 38 und auf der legendären Schnellzuglok 01 ausgebildet.

Zwischen den Baureihen besteht der Hauptunterschied in der Geschwindigkeit und nicht in der Bedienung, die im Prinzip dieselbe ist. Es ist ein himmelweiter Unterschied, ob ich einen Güterzug bremse oder einen Personenzug. Wenn ich mit einer 01 in einen Bahnhof einfuhr, wusste ich exakt auf den Meter, wo ich zum Halten komme. Wer nicht aufpasste, rauschte durch den Bahnhof oder kam zwanzig Meter vor dem Bahnsteig zum Stehen. Es war wichtig, wie man bremste, das heißt, wie viel Luft man aus der Hauptluftleitung herausließ, um Druck auf die Bremsklötze zu erzeugen. Da schaltete man noch mal nach, um dann circa zehn Meter vor dem Haltepunkt den Bremsdruck zu verringern, damit der Zug nicht ruckartig stehen blieb, sondern der Bremswiderstand langsam ausgeglichen wurde, sodass man ganz gemächlich anhielt.

Es gab bei den Dampfloks derselben Baureihe auch individuelle Unterschiede. Einige etwa erzeugten mehr Dampf und waren feiner zu bedienen. Andere wiederum trugen sogar eigene Namen. In Aachen gab es eine 50-001, die wurde »Halla« genannt – nach der Stute Halla des Springreiters Hans Günter Winkler, der auf diesem Pferd 1956 die Goldmedaille bei den Olympischen Spielen in Stockholm geholt und schon vorher den CHIO in Aachen gewonnen hatte.

Manche Lokomotivführer, die Schnellzug fuhren, betrachteten sich als etwas Besseres. Die wurden auch die »Lokführer der hohen Achse« genannt. Je höher die Höchstgeschwindigkeit einer Lok, desto größer sind die Räder. Bei der 01 oder 03 hatten sie einen Durchmesser von 2,02 Metern. Ich habe davon aber nicht geträumt.

Heutzutage wird bei der Bahn übrigens nicht mehr von Lokomotivführern gesprochen, sondern vom Triebfahrzeugführer. Ein ICE hat ja keine klassische Lokomotive mehr, sondern ist ein Triebfahrzeug.

Kollege Heizer

Es gab auch Heizer, die blieben Heizer. Das war der einfache Dienst. Die Ausbildung war grundsätzlich eine andere. Ein Heizer musste einen Zug nicht führen können, aber in der Lage sein, ihn im Notfall zum Stehen zu bringen.

1967/68 bin ich als Heizer gefahren, 1969 wurde ich Lokomotivführer. Die Hierarchie zwischen Lokführer und Heizer habe ich nie als besonders gravierend empfunden. Entscheidend ist die persönliche Ebene. Die Nase des einen gefällt einem, die des anderen nicht. Beide sind aufeinander angewiesen. Der eine guckt aus dem linken Fenster, der andere aus dem rechten – wer das Signal zuerst sieht, ruft seinem Gegenüber die Signalstellung zu. Und wenn die Scheiben zu sind, weil es so stark regnet, dann hängen sie ihre Köpfe raus. Auch wenn es im Führerstand für jeden eine Sitzgelegenheit, eine Art Melkschemel, gab, hat man meistens sowieso gestanden, denn das war bequemer als diese Dinger. Und manchmal habe ich als Lokführer auch zum Heizer gesagt: »Komm mal rüber, stell dich da hin, ich schaufel jetzt.«

Von den Altvorderen wurde berichtet, dass es zu früheren Zeiten Lokführer gegeben habe, die zogen mit Kreide eine Grenze durch den Führerstand, und wehe, der Heizer wagte es, diese Linie zu übertreten!

In grauer Vorzeit, im Kaiserreich, war der Lokführer auch noch mit Säbel unterwegs, der gehörte zu seiner Ausgehuniform mit Stehkragen. Das waren damals die Uniformstandards, die sich später aufgelöst haben. Mein Vater besaß noch eine Uniform. Die zog er morgens an, wenn er zur Arbeit ging. Dort hängte er sie in den Spind, um sie dann abends auf dem Nachhauseweg wieder zu tragen.

Als ich Lokführer wurde, gab es keine Uniformen mehr. Der Heizer und ich trugen ganz normale Arbeitskleidung. Keine Blaumänner, sondern anthrazitfarbene Anzüge. Interessanter waren die Mützen, die man trug, da gab es feine Unterschiede. An der Kordel konnte man den Dienstgrad erkennen: einfacher, mittlerer oder gehobener Dienst. So wie man die Piloten an den Ärmelstreifen erkennt.

Woran man das alte Dampflokpersonal erkennt

Bei einer Dampflok hat man einen Riesenkessel vor sich, der Wärme abgibt. Trotzdem wird einem auf dem Führerstand nicht zu heiß. Im Sommer kühlt der Fahrtwind, und im Winter zieht es an allen Ecken und Kanten. Da muss man sich einen Mantel anziehen.

Auch wenn es laut ist, können sich Heizer und Lokomotivführer unterhalten, sie müssen aber ziemlich laut sprechen. Daran erkennt man die alten Dampflokomotivführer, die heben immer ein wenig die Stimme, wenn sie dir etwas sagen. Weil sie es eben gewohnt sind. Das ist wie bei den Jugendlichen, die in die Discos gehen. Die können gar nicht mehr leise sprechen.

Die Dienste

Eine Dampflokomotive bedurfte aufwendiger Pflege. Für jede Fahrt gab es einen Vorbereitungsdienst und einen Abschlussdienst.

Zu Beginn musste zum Beispiel der Lokführer mit einem Hammer die Radreifen abklopfen, um zu überprüfen, ob die noch fest mit der Achse verbunden waren. Die konnten sich zum Beispiel beim Bremsen auf der Achse verziehen. Die Achsstangenlager mussten vor und nach der Fahrt geölt werden, beziehungsweise musste an den Achsen Öl aufgefüllt werden. Wie in einer Kfz-Werkstatt ging man eine Treppe runter in den sogenannten Kanal unter der Lok, um sie zu untersuchen. Und wenn es Nacht war, musste man ganz genau hinsehen, weil man, nur mit einer Petroleumfunzel bewaffnet, weniger als am Tag erkennen konnte.

Nach einer Fahrschicht kamen die Ausschlacker, die Betriebsarbeiter, die mit schwerem Gerät die Schlacke, die sich auf dem Feuerrost gebildet hatte, nach innen zogen und durch eine Öffnung herausfallen ließen. Anschließend wurde der Kohlenvorrat ergänzt, und ganz zum Schluss fuhr man noch einmal an den Wasserkran, um den Tender aufzufüllen.

Abschlussdienste dauerten jeweils 35 bis 45 Minuten. Für jede Lokomotive war im Dienstplan genau vorgeschrieben, welchen Vorbereitungsdienst und welchen Abschlussdienst sie benötigte. Eine besonders gründliche Nachschau war nach jeweils 400 Kilometern vorgeschrieben. Mit den Waggons jedoch hatten die Lokführer und die Heizer nichts zu tun. Der Wagenmeister nahm den Zug ab, nachdem er überprüft hatte, ob am Zug die Bremsen anliegen. Wenn er dann am Ende des Zuges war, hat er dem Lokführer das Signal »Bremsen lösen« gegeben. Und dann ist er zurückgekommen, hat den ganzen Lösevorgang der Bremsen am Zug beobachtet und vorn dem Lokomotivführer gemeldet: »Bremsen in Ordnung«. Die genaue Signalisierung war vorgeschrieben. Tagsüber mittels Handzeichen, nachts mit einer Lampe.

Bei der Dampflokomotive konnte man kleine anfallende

Probleme selbst reparieren. Heutige E-Loks sind dagegen mit modernen Autos vergleichbar. Deren Elektronik wird an ein Diagnosesystem angeschlossen, das nur noch Fachleute begreifen. Es gibt in der Maschine der Lokomotiven immer mehr Funktionsträger, die ein bloßer schwarzer Kasten sind, der bei Problemen einfach ausgewechselt wird; repariert wird nichts mehr.

Wenn man früher in einen Bahnhof fuhr und der Zug endete dort, dann kam ein Rangierer und hat den Zug von der Lokomotive entkuppelt. Heute ist der Großteil der Rangierer der Rationalisierung zum Opfer gefallen.

Unter Dampf

Schon als ich zum Dampflokomotivführer ausgebildet wurde, war klar, dass die Zeit der Dampflokomotiven zu Ende ging. Weil sie weniger ökonomisch als Diesel- und Elektroloks sind. Nicht nur, dass sie mit zwei Personen statt nur mit einer besetzt sein müssen. Bevor sie losfahren können, muss man sie langwierig vorheizen und nach der Fahrt kompliziert reinigen.

In den USA wurden sie schon in den Vierzigerjahren durch Dieselloks ersetzt, in Deutschland begann die Elektrifizierung in den späten Dreißigerjahren. Aber durch die Kriegsschäden wurde sie nachhaltig unterbrochen, sodass Dampfloks in der Bundesrepublik noch bis 1976 und in der DDR sogar bis 1988 unterwegs waren.

Bis auf die Baureihe 23 für Personenzüge wurden nach dem Krieg auch keine neuen Dampflokomotiven mehr gebaut. Man fuhr sozusagen mit der Vorkriegsware durch die Landschaft.

In Aachen-West wurde noch lange Dampf gefahren, wegen des Grenzverkehrs nach Belgien, der bis heute noch nicht elektrifiziert ist. Mittlerweile wird er mit Dieselloks abgewickelt.

Es gab 22 Kilometer von Aachen entfernt eine Kokerei; von dort aus fuhren wir im Zweistundentakt die Züge nach Belgien, die für ein Stahlwerk in Luxemburg bestimmt waren. Diese Kokszüge hatten ein Gewicht von 1800 Tonnen und mussten über fünf Kilometer einen Berg hinauf über die Grenze gefahren werden – mit drei Dampflokomotiven, weil es sonst zu schwer gewesen wäre. Vorn eine Zuglok, hinten am Zug zwei Loks, die schoben. Der Lokführer vorn hat gepfiffen, wenn sein Abfahrtsignal auf Grün schaltete, dann haben wir hinten angefangen zu schieben, und der Zug ist gelaufen.

Wir brauchten für diese Aufgabe bei der belgischen Bahn kein Französisch zu können, denn auf belgischer Seite sprach man deutsch, das war ehemaliges deutsches Gebiet. Die Signale mussten wir allerdings schon lernen, die sind in Belgien anders als in Deutschland. Wenn man in dem belgischen Bahnhof angekommen war, kam ein Lotse, der sich um dich gekümmert und dich durch den Bahnhof geführt hat, bis du dann wieder vor deinem Zug standst, den du nach Deutschland zurückfuhrst.

Sparen mit Diesel

Aus ökonomischen Gründen wurde in Aachen-West immer mehr mit Dieselloks gefahren. Dadurch wurden nicht nur Heizer, sondern auch Lokomotivführer eingespart. Es schoben nicht mehr zwei Dampflokomotiven die Züge in Richtung Belgien, sondern zwei gekoppelte Dieselloks. Dadurch wurden zwei Heizer und ein Lokführer eingespart.

Mit einer Tankfüllung kann eine Diesellok ziemlich weit fahren. Da gehen 4000 Liter rein, und es gibt keine Tour, wo man zwischendurch mal tanken muss. Wer die Maschine abgibt, muss sie neu betanken.

Ich machte die Ausbildung zum Diesellokführer auf der Baureihe 216 und auf der V 90. Die 216 übernahm die Funktionen der Dampflok-Baureihe 50. Die V 90 war eine Rangierlok. Manche sagen, dass das Erlernen der Diesellok schwerer war als das Erlernen der Dampflok. Bei mir war es andersherum. Die Dampflok machte mir mehr Schwierigkeiten als die Diesellok. Die erste Lokomotive ist immer die schwierigste, das ist völlig klar. Ich war aber auch relativ jung. Die älteren Kollegen kamen ganz schön ins Schwitzen. Die waren fünfundzwanzig, dreißig Jahre Dampflok gefahren und mussten auf einmal wieder die Schulbank drücken, um die Prüfung zu bestehen. Da hatten viele auch Angst, gegebenenfalls zweimal durchzufallen und den Job zu verlieren. Vielen Heizern hat man die Möglichkeit geboten, eine Umschulung zum Lokomotivführer zu machen. Die anderen hat man in den Ruhestand geschickt. Der Rationalisierungsprozess war Dauerzustand bei der Bundesbahn. Seit 1950 ist sukzessiv Personal abgebaut worden.

Die Einsamkeit des Lokführers

Die Arbeit auf der Dampflok war schmutziger und lauter und im Winter kälter, doch man konnte sich mit dem Heizer unterhalten. Auf der Diesellok war man allein und hat dann oftmals sechs Stunden mit keinem Menschen geredet. Wenn du vorn sitzt und fährst, dann bist du allein, da redest du gegebenenfalls – wenn einer was von dir will – über das Telefon mit einer anderen Zugleitstelle.

Allgemein wird die Kommunikation bei der Bahn weniger. Früher gab es auf den Bahnhöfen Bereitschaften, da saßen die Lokomotivführer zusammen und haben darauf gewartet, dass sie ihren Fahrauftrag bekamen. Der Austausch der Kollegen untereinander war wesentlich intensiver. Bei den geringen Vorbereitungszeiten heutzutage kann es einem passieren, dass man einem Kollegen, den man gut kennt, während des Dienstes drei, vier Monate gar nicht mehr begegnet.

Die Bereitschaft galt als Arbeitszeit. Man hat Zeitung gelesen, geplaudert oder sich die dienstlichen Anweisungen des Tages angeschaut. Heute bekommt der Lokführer den Fahrauftrag in der Regel vom Zugpersonal. Aber auch viel Zugpersonal ist der Rationalisierung zum Opfer gefallen. Es gibt Regionalzüge, in denen es außer dem Lokführer kein weiteres Personal mehr gibt. Und er hält auf Bahnhöfen, die kein Bahnhofspersonal mehr bereithalten. Das heißt, er muss sich um alles selbst kümmern.

Ich bin überwiegend Güterzüge gefahren, aber auch Personenzüge. Seit 1998 herrscht bei der Bahn eine klassische Trennung. Die einen fahren Güter-, die anderen Personenzüge. Wer das eine macht, muss das andere lassen, denn dazu fehlen ihm die Streckenkenntnisse, und er kennt auch die anderen Baureihen nicht.

Das Führen eines Zugs erfordert äußerste Konzentration. Das ist zweifelsohne eine verantwortungsvolle Tätigkeit. Für mich waren die Nachtdienste, die bis in den Vormittag dauerten, am anstrengendsten. Wenn der Morgen anbrach und es warm wurde, habe ich schon mal ein Liedchen gesungen oder gymnastische Übungen gemacht, damit ich wach blieb.

Suizide

Das Schlimmste für einen Lokomotivführer sind die Selbstmörder. Mir ist das nie passiert. Merkwürdigerweise nehmen die Suizide zu. Heutzutage springen in der Bundesrepublik jeden Tag vier bis fünf Menschen vor einen Zug. Das ist auch einer der Gründe für permanente Verspätungen. Die Strecke muss gesperrt werden, die Polizei kommen und der Staatsanwalt. Und der Lokomotivführer muss abgelöst werden. Um den kümmert sich dann der Psychologische Dienst der Bahn. Manche müssen anschließend trotzdem ihren Beruf aufgeben, so traumatisiert sind sie. Oder sie können an der Stelle, wo ihnen das passiert ist, nicht mehr entlangfahren. Dann sind sie fahrdienstuntauglich und bekommen von der Bahn einen anderen Job angeboten. Es gibt aber auch Lokführer, die haben schon drei-, viermal einen Selbstmörder überfahren.

Mach mal Pause

Für den Lokomotivführer gibt es keine guten oder schlechten Bahnhöfe. Jeder Bahnhof hat seine besonderen Gesetze, seine besonderen Betriebsverhältnisse. Interessant ist die Frage, wie man dort seine Pausen verbringen kann. Beim Güterverkehr kann es sein, dass du zum Beispiel frühmorgens in Mainz ankommst, den Güterzug abspannst und dann unter

Umständen erst anderthalb Stunden später die Rückreise nach Köln oder wohin auch immer antrittst. Und in dieser Zeit sollte doch wohl eine Kantine geöffnet sein, damit man etwas essen kann. Allerdings hatte ich schon damals das Gefühl, Kantinen werden nur für die gemacht, die an Ort und Stelle arbeiten, jedoch nicht für die, die rund um die Uhr tätig sein müssen. Aber eine Kantine muss sich ja bezahlt machen, deshalb richtet sie ihre Öffnungszeiten nach dem stationären Personal. In den Fünfziger- und Sechzigerjahren war das anders, da hatten sie auch noch nachts geöffnet.

Es kann dir auch passieren, dass die Kantine geöffnet ist, aber du sie nicht betreten kannst. Du fährst zum Beispiel den ICE nach Kassel-Wilhelmshöhe und hast nur 20 Minuten Übergang, bis du den ICE von Hamburg nach Frankfurt fahren musst, weil es dir der Dienstplan so vorschreibt. Und dann gibt es diese Sprinter-ICEs, die fährt der Lokführer von morgens 6.09 Uhr ohne Halt von Berlin bis Frankfurt.

Guten Tag oder gute Nacht

Bei der Bahn gehört es zum Arbeitsalltag, auch auswärtig zu übernachten. Entscheidend ist der Zeitpunkt, wann man mit seinem Zug ankommt, und nicht, wie lange man schon unterwegs ist. Kommt man irgendwo an, wo es abends keine Rückfahrten mehr gibt, muss man dort wohl oder übel schlafen.

Dem müden Bundesbahner widerfuhren teilweise kuriose Dinge. Er konnte in ein Hotel geraten, wo man ihm sagte, er müsse morgens um zehn Uhr das Zimmer räumen, auch wenn der nächste Zug erst um 13 Uhr ging. Dann durfte er drei Stunden durch die Stadt spazieren. Diese überflüssige Zeit bekommt man auch heute noch nicht bezahlt. Die Schlafenszeit erst recht nicht.

Meistens gab es aber keine Hotels, sondern sogenannte Übernachtungsräume, das waren mehr oder weniger Kaschemmen, und wenn du dich da hingelegt hast, dann hast du links und rechts die Rangiergeräusche des Bahnhofs gehört. Da konnte man zwar liegen, aber nicht schlafen. Es gab ja auch Übernachtungen, die fanden tagsüber statt. Man befand sich sozusagen mitten zwischen den Gleisen, auf einer Pritsche, eingehüllt in alte modrige Decken, und die nächste Dusche befand sich am Ende des Flurs. Zum Teil herrschten asoziale Verhältnisse.

Im Prinzip ist es die Sache der Betriebsräte, darüber zu befinden, ob diese Art der Übernachtung angemessen ist. Und tatsächlich hat sich in dieser Sache einiges getan. Die GDL geht davon aus, dass die Unterkünfte mindestens den Standard eines Dreisternehotels erfüllen müssen. Das braucht nicht komfortabel sein, aber man soll in Ruhe schlafen können, um sich fit zu machen.

Arbeitszeit

Ein Lokführer hat unregelmäßigen Schicht- und Wechseldienst. Das sind nicht diese normalen Intervalle wie bei der Schichtarbeit in der Industrie, wo man von sechs Uhr morgens bis 14 Uhr Frühschicht hat oder Nachtschicht von 22 Uhr bis sechs Uhr morgens. Der Lokführer hat zum Beispiel um 3.35 Uhr Dienstbeginn. Die Bahn hätte es am liebsten auf Abruf. Noch bekommt er eine Mindestruhezeit von neun Stunden zwischen zwei Schichten zugestanden.

Es kann aber vorkommen, dass er alles in allem eine 80-Stunden-Woche hat, wenn man die sogenannte Ausbleibezeit, also den Zeitraum, in dem er warten oder übernachten muss, einrechnet. Selbstredend bekommt er nicht die kompletten 80 Stunden von der Bahn bezahlt.

Das muss man wissen, wenn man Lokführer werden will. Und auch, was das heißt: Ein Lokführer arbeitet an Silvester, an Heiligabend, Feiertagen, samstags und sonntags. Als ich angefangen habe zu arbeiten, waren wir noch bei der 48-Stunden-Woche. Heute haben wir die 40-Stunden-Woche. Zwar gab es diesen DGB-Slogan: »Samstags gehört Vati mir.« Doch für Lokführer hat das noch nie eine Rolle gespielt. Wir haben bis zum heutigen Tage nicht die klassische Fünftagewoche. Und wenn man eine Familie hat, herrscht nicht immer Frieden, weil es denen so vorkommt, als gehöre Vati eher der Bahn. Wenn die Frau ebenfalls arbeitet, sieht man sich eher selten. Das ist die Regel, denn ein Lokführer bekommt durchschnittlich 1570 Euro netto. Davon kann man keine Familie allein versorgen. Die Frau geht also um neun Uhr ins Büro oder um halb neun ins Geschäft. Sie hat Tagesdienst, er hat diesen unregelmäßigen Dienst. Um die Kinder muss sich dann meistens auch noch jemand kümmern. Bleibt die Mutter zu Hause, ist das Budget sehr klein. Es gibt, fürwahr, diesen alten Spruch: »Tagsüber kein Geld in der Tasche und nachts kein Mann im Bett.«

Und wenn sich bei den Lokführern ein Kollege krankmeldet, wird man am freien Tag angerufen. »Könntest du die Schicht nicht fahren?« Es sind immer dieselben, die in solchen Fällen angerufen werden. Wer dann gut mit dem Disponenten auskommt, der kann aber auch sagen: »Hör mal, in vierzehn Tagen ist der Geburtstag meiner Frau, da hätte ich gern frei.« So wäscht eine Hand die andere. Kulturkriege haben an dieser Front äußerst selten stattgefunden.

Auf- und Abstieg des Rangierers

Für den Lokführer war das Führen einer Rangierlok nie der Idealzustand. Das wurde eher als eine Übergangsphase betrachtet. Zu Zeiten der Dampflokomotiven regelte das die analytische Dienstpostenbewertung. In Aachen-West hatten wir 160 Lokomotivführer, von denen die jüngsten disponibel fuhren – ohne festen Dienstplan. Das heißt, die bekamen maximal für drei Tage im Voraus den Dienst mitgeteilt. Es existierten 16 Dienstpläne. Wenn die Alten in den Ruhestand gingen, verließen sie Dienstplan Nummer eins, und es rückten die Nächstjüngeren aus Dienstplan Nummer zwei in den Dienstplan Nummer eins. Und der Älteste, der zwar disponibel gefahren ist, wechselte zunächst einmal auf die Rangierlok. Das hatte für ihn den Vorteil, dass er für 16 Wochen im Vorhinein wusste, welchen Dienst er hatte.

Schwere Güterzüge galten in dieser analytischen Dienstpostenbewertung mehr als die Rangierlok. Schnellzüge hatten eine andere Wertigkeit als Nahverkehrszüge. Aus diesen Differenzen ergaben sich die Beförderungsmöglichkeiten. Das hat sich heute nivelliert. Ob ich von Frankfurt am Main den ICE nonstop nach Berlin fahre oder die Diesellok von Köln nach Mainz, das ist egal. In beiden Fällen bin ich Streckenlokführer und verdiene dasselbe Geld.

Früher war das Führen einer Rangierlok auch für alte Lokführer interessant, wenn die etwas kürzertreten wollten. Denn Rangierlokführer zu sein bedeutet, dass man stationär an einen Bahnhof gebunden ist, also heimatnah beschäftigt wird. Das ist auch keine langweilige Arbeit, ganz im Gegenteil: Weil permanent Kollegen am Zug und zwischen den Güterwaggons am Werkeln sind, ist äußerte Konzentration gefragt.

Zu Dampflokzeiten wurde im Personenverkehr oft die Baureihe 93 eingesetzt. Das waren die sogenannten Tenderloks, bei denen der Tender integraler Bestandteil der Lokomotive war. Die waren sehr wuselig. Später wurde der Rangiermeister zum Rangierlokführer ausgebildet. Das sind die Kräfte, die die Lokomotiven mit den Waggons kuppeln und diese dabei oft fernsteuern. Die haben einen Bauchladen und fahren damit die Lokomotive. Entweder stehen sie daneben oder fahren vorn auf dem Trittbrett. Den klassischen Rangiermeister gibt es nicht mehr – wieder einen Posten eingespart.

Frauen auf der Lok

Über 130 Jahre lang war Lokomotivführer ein Männerberuf, doch dann wackelte auch diese Domäne. Vor 30 Jahren haben wir von der GDL die Losung ausgegeben: »Wir lieben unsere Frauen und wollen deshalb nicht, dass sie Lokführer werden.« Damals war für Frauen nichts vorhanden. Es gab keine separaten Umkleideräume, geschweige denn Duschen und Toiletten. Bei der Deutschen Reichsbahn der DDR gab es schon immer Frauen, einschließlich der S-Bahn. Bei der Bundesbahn fing das später an. Ich erinnere mich, wie eine 22-jährige Lokführerin aus Köln vom Leiter der Dienststelle und vom Betriebsratsvorsitzenden mit Blumen zum ICE gebracht wurde. Ich habe mir damals gesagt, dass doch niemals jemand bei der Lufthansa auf die Idee käme, die Jüngste, die gerade ihre Prüfung gemacht hat, auf das teuerste und schnellste Fahrzeug zu setzen. Bei der Lufthansa arbeitet man sich von einem Gerät zum anderen hoch. Dieses Prinzip gilt bei der Bahn nicht.

Die Quereinsteiger

Dass jemand, der Lokführer werden will, so wie ich in der Werkstatt anfängt, ist heute selten geworden. Stattdessen gibt es Quereinsteiger. Deren Anzahl richtet sich nach den Spielregeln der Marktwirtschaft. 1979/80 sah es so aus, als ob immer weniger junge Leute Lokomotivführer werden wollten. Die Lokführer machten Millionen Überstunden, und es gab kaum Nachwuchs. Die Grundvoraussetzung, um Lokführer zu werden, der Gesellenbrief entweder in einem elektro- oder in einem maschinentechnischen Beruf, erwies sich als hinderlich. Deshalb haben sich die schlauen Leute von der Bahnverwaltung gefragt, ob nicht ein gelernter Bäcker auf die Lok möchte. Es gab auch eine Apothekerin, die das gern wollte.

Diesen interessierten Kräften wurde eine Art Prüfung abverlangt, die geradezu lächerlich war. Denen wurde eine Schraube gezeigt. »Was ist das?« – »Eine Schraube.« Wenn die wussten, was eine Mutter ist, galt das schon als tiefes technisches Verständnis.

Die Bahnverwaltung hat auch versucht, im Zuge des Personalabbaus aus potenziell freigesetzten Mitarbeitern neue Lokführer zu gewinnen. Und so meldeten sich um die Jahrtausendwende in Frankfurt siebzehn Interessierte. Während der Ausbildung sind drei abgesprungen. Bei der ersten Prü-

fung sind zwölf durchgefallen. Bei der Wiederholungsprü-
fung sind wieder zwölf durchgefallen. Letztendlich haben es
zwei geschafft, Lokomotivführer zu werden. Daraufhin habe
ich den damaligen Personalvorstand gebeten, er möge mir,
weil doch die Bahn immer so gut ist im Rechnen und Kos-
teneinsparen, doch mal mitteilen, wie viele in jenem Zeitraum sich in der ganzen Bundesrepublik für den Beruf des
Lokführers beworben hätten. Und wie viele die Ausbildung
abbrachen. Wer die Prüfungen nicht schaffte. Als ich nach
drei Monaten nichts von ihm gehört hatte und ihn dann
anrief, meinte er: »Ja, äh, diese Daten sind nicht erfasst.«

Wer wie prüft

Die GDL hat immer dafür gekämpft, dass die Ausbildung
nicht kürzer als 18 Monate sein darf. Auch das ist unter-
laufen worden. Im Februar 2000 gab es einen schlimmen
Unfall in Brühl mit neun Toten, weil der Lokführer völlig
versagte und mit seinem Nachtzug aus Amsterdam viel zu
schnell durch eine Baustelle fuhr. Der war bei der Deutschen Bahn durch sämtliche Lokführerprüfungen gefallen.
Daraufhin ist er nach Köln zu einer Privatbahn gegangen
und hat dort die Prüfung zum Lokführer bestanden. Mit
diesem Zertifikat ist der dann zur Deutschen Bahn zurückgekommen, als die wiederum händeringend Lokführer
suchte. Nach kurzer Zeit hat man ihn auf den Nachtzug gesetzt. Völlig unverständlich, dass ihn beim Vorstellungsgespräch keiner gefragt hat: »Hey, Freund, was hast du denn
bisher gemacht, wo ist dein Lebenslauf?«
Dahinter steckt System. Die GDL will nicht, dass die
Fahrprüfer, die die Lokführerprüfung abnehmen, aus dem

eigenen Laden kommen, egal ob das jetzt die Deutsche Bahn oder eine Privatbahn ist. Das wäre dasselbe, als wenn ein Fahrschullehrer auch noch in der Lage wäre, seinen Fahrschülern zum Schluss die Prüfung abzunehmen. Das halten wir nicht für richtig. Wir fordern, dass das Externe machen sollen, entweder der TÜV oder die DEKRA. Nur dann wissen wir, dass niemand Unbedarftes mit Stahlseilen durch die Prüfung gezogen wird. Das durchzusetzen ist uns bisher nicht gelungen.

Jede Lokomotive ist unterschiedlich: ich auf dem Führerstand einer Güter-zuglokomotive (Baureihe 50) in Aachen-West

Beim Bundeskanzler. Verglichen mit seinen Nachfolgern hat Helmut Kohl eine sozial sehr ausgewogene Politik betrieben

ın Begleitung von meiner Familie, dem Ehepaar Wallmann und Georg Beck
'(verdeckt) wird mir 2000 in Wiesbaden das Bundesverdienstkreuz Erster
Klasse überreicht – vom Chef der Hessischen Staatskanzlei, Jochen Riebel

Bis 2010 bin ich gewählt als Präsident der Autonomen Lokomotivführer-
Gewerkschaften Europas (ALE). Sie vertreten 108 000 Lokführer aus
16 europäischen Gewerkschaften. 2006 traf sich der ALE-Vorstand in
meiner Heimatstadt Aachen

»Weißt du wohin« heißt ein bekanntes Lied von Karel Gott. Hier verabschiedet er mich 2008 in den Ruhestand in Berlin

Die GDL ist die älteste deutsche Gewerkschaft. Diese von ihren Ehefrauen hergestellte Fahne wurde 1892 den Lokführern der Ortsgruppe Mönchengladbach gestiftet

Als Norbert Blüm den Arbeitnehmerflügel der CDU anführte, war er noch zu bemerken. Heute dominieren die Marktwirtschaftler

Ein Rheinländer in Südhessen. Im Frankfurter Hauptbahnhof,
Sommer 2008

Ich mag schnelle Autos. Mein Dienstwagen war ein Mercedes SLK

Friedrich Zimmermann war einer der wenigen Verkehrsminister mit Durchsetzungsvermögen

VIII

Konsequent Interessen vertreten. 79 Prozent aller deutschen Lokführer
sind in der GDL organisiert

Verkehrsminister Wolfgang Tiefensee scherzte, weil ich in seinem Büro rauchen durfte, verabredete ich dort mit Mehdorn im Januar 2008 den Tarifabschluss

Es gibt ein Leben am Schreibtisch …

… und außerhalb des Büros. Feierabend mit Sven Grünwoldt,
stellvertretender Bundesvorsitzender der GDL

Politik für den Osten – im Osten, Halle 1991

Welchen Stellenwert hat ein Verkehrsminister? Seit 1983 habe ich zehn von ihnen kommen und gehen sehen. Hier mit Kurt Bodewig, Minister von 2000 bis 2002

Wie der längste Tarifkampf in der Geschichte der Bahn begann:
Im Juli 2007 sitzt in Berlin die GDL dem Vorstand der Deutschen Bahn AG
gegenüber

Anfang August votierten in einer Urabstimmung 95,8 Prozent der GDL-Mitglieder für unbegrenzten bundesweiten Streik

Kapitel III: Die freie Gewerkschaft
Was die GDL ist und wie man konsequent Interessen vertritt

So richtig bekannt wurde die GDL erst durch den Streik 2007. Wer bis dahin nichts mit der Eisenbahn zu tun hatte, kannte sie nicht. Das hat sich grundlegend geändert. Wenn meine langjährige Sekretärin, Petra Wahl-Schröter, früher gefragt wurde, wo sie arbeitet, sagte sie: »Bei der Gewerkschaft.« – »Bei welcher?« – »Lokführer.« – »Aha, so was gibt es?!« Heute sagen ihr die Leute: »Ach, die GDL, das sind doch die, die den Streik gegen die Bahn angezettelt haben.«

Die älteste Gewerkschaft

Dabei gab es die GDL schon vor dem Kaiserreich. Sie wurde 1867 in Ludwigshafen als Verein Deutscher Lokomotivführer gegründet. Seinerzeit war Lokomotivführer ein gefährlicher Beruf. Es gab viele Zugunglücke, weil der Dampfkessel explodierte, die Gleise schadhaft waren oder die Signale mangelhaft. Der Lokomotivführer und der Heizer waren ziemlich auf sich allein gestellt und trugen eine große Verantwortung. Es lag nahe, dass sie ein eigenes Standesbewusstsein entwickelten und sich mit ihren Kollegen zusammenschlossen.

Eine einheitliche Staatsbahn gab es in Deutschland ab 1920 mit der Gründung der Reichsbahn. Bis dahin fuhren verschiedene Länderbahnen. An den Landesgrenzen innerhalb des Deutschen Reichs wurden die Lokomotiven gewechselt, eine preußische Lokomotive fuhr zum Beispiel nicht nach Sachsen. Die Lokomotivführer dieser Länderbahnen waren Beamte, keine Arbeiter. Beamter zu sein hieß damals mitnichten, finanziell abgesichert zu sein. Im Gegenteil: Die Lokführer wurden sehr bescheiden bezahlt, und ihre Altersversorgung war völlig unzureichend. Wer früh pensioniert wurde oder gar bei einem Unfall starb, stürzte seine Familie in bittere Armut. Mit 45 Jahren war man gesundheitlich schon ziemlich am Ende. Deshalb schuf der VDL die Hilfskasse, das war ein Selbsthilfefonds, in den die Mitglieder einzahlten. Außerdem gab es Rechtsschutz und Unterstützung für notleidende Familien von Lokführern.

Zur Gewerkschaft wurde der VDL erst 1919, als er sich auf der Generalversammlung in Berlin in GDL, Gewerkschaft Deutscher Lokomotivführer, umbenannte. In der neuen Republik waren die Vorgesetzten keine kleinen Generäle mehr, denen sich das Zugpersonal bedingungslos unterzuordnen hatte. Es gab erste Formen der Mitbestimmung. Obwohl die Arbeitergewerkschaften Vorbild der GDL waren, wurde sie als »freie Gewerkschaft« gegründet. Weil man Beamte organisierte, trat man auch nicht den Arbeitergewerkschaften bei. Allerdings musste der Hauptvorteil des Beamtentums erst durchgesetzt werden: Im Unterschied zu Reichsbeamten waren Reichsbahnbeamte anfänglich nicht unkündbar.

Wie die Arbeitergewerkschaften wurde die GDL von den Nazis zerschlagen. Bereits 1933 erfuhr die GDL durch eine verordnete nationalsozialistische Führung die Gleichschaltung, bis zu ihrer endgültigen Auflösung 1937.

1946 wurde die GDL in den westlichen Besatzungszonen wiedergegründet, 1990 in Ostdeutschland – als erste freie Gewerkschaft der DDR. 1991 vereinigten sich GDL-Ost und GDL-West in Kassel.

Immer war die überwältigende Mehrheit der Lokführer in dieser Organisation vertreten – ob im Kaiserreich, in der Weimarer Republik oder in der DDR nach dem Mauerfall oder aber in der Bundesrepublik. 2007 waren 79 Prozent aller Lokführer in der GDL sowie ein Drittel des Zugbegleitdienstes organisiert. Und es werden stetig mehr.

Die Konkurrenz: Fifi und die Windmühlen

Wer bei der Deutschen Bahn nicht in den Zügen fährt, ist in der Regel bei Transnet organisiert. Die GDL vereint 34 000 Mitglieder, Transnet hingegen 250 000. Bis zum Jahr 2000 hieß diese Gewerkschaft noch GdED, Gewerkschaft der Eisenbahner Deutschlands. Die GDL ist Mitglied im Beamtenbund, die Transnet im DGB. Transnet befürwortet die Privatisierung der Bahn, die GDL ist dagegen. Schon seit jeher war deren Gewerkschaftsführung nahe am Arbeitgeber angesiedelt. In meinen Reden habe ich sie häufig mit zwei Körperteilen verglichen: dem Kopf – und dem hinteren Körperteil unterhalb des Gürtels. Wenn es sie nicht geben würde, hätte die Bahn sie erfinden müssen.

Außerdem gibt es noch die GDBA, die Gewerkschaft Deutscher Bundesbahnbeamter und Anwärter. Ihr Name spricht Bände: So wie es die Bundesbahn nicht mehr gibt, ist auch diese Organisation ziemlich bedeutungslos geworden. Nach dem Krieg organisierte sie das Personal auf den Bahnhöfen: die Schalterbeamten, die Rangierer und die Stellwerker. Mittlerweile hat sie weniger aktive Mitglieder als die GDL. Schon im Bahnbetriebswerk Aachen-West waren mir lediglich zwei Kollegen der GDBA bekannt.

Die GDBA ist ebenfalls im Beamtenbund vertreten. Sie hat sich traditionell als »die kleine GdED« definiert. Früher bildete sie mit der GDL eine Tarifgemeinschaft bei Verhandlungen mit dem Arbeitgeber, anfänglich zusammen mit der Christlichen Gewerkschaft Deutscher Eisenbahner, von der heute auch keiner mehr spricht. Seit 2005 bildet die GDBA mit Transnet eine Tarifgemeinschaft. Seitdem nenne ich sie in meinen Reden immer nur »Fifi«. Da lachen die Zuhörer, denn sie wissen, wer Männchen macht und mit dem Schwanz wedelt, wenn die Transnet sie an der Leine führt.

Von GdED/Transnet sind die Funktionäre schon immer gern auf die Arbeitgeberseite gewechselt. Das war jahrzehntelang ein natürlicher Prozess. Das jüngste Beispiel ist Norbert Hansen. Der war von 1999 bis 2008 Vorsitzender und ist dann Arbeitsdirektor im Vorstand der Deutschen Bahn geworden. Natürlich hat er anfangs behauptet, er wolle dort die Arbeitnehmerinteressen stärken, um dann in seinem neuen Job mehr oder weniger sofort über weiteren Personalabbau nachzudenken.

Hansen redet anders, als er handelt. Das ist eine typische Marotte seiner Gewerkschaft, die kenne ich noch aus den Sechzigerjahren. Wenn die Bahn verkündete: »Wir müssen drei Ausbesserungswerke schließen«, dann hat die GdED aufgeheult: »Das kommt für uns nicht in Frage! Niemals dürfen sieben Ausbesserungswerke geschlossen werden!« Doch die Bahn hat die GdED nicht korrigiert, sondern sich ruhig verhalten und die bei ihrem Kampf gegen die selbst aufgebauten Windmühlen gewähren lassen. Und zum Schluss hat die GdED behauptet, sie hätte vier Ausbesserungswerke gerettet. Die drei, die zugemacht werden sollten, wurden natürlich geschlossen – da konnte die GdED beim besten Willen nichts machen.

Willst du mal heiraten?

Als ich bei der Bahn als Lehrling anfing, war ich auch Mitglied der GdED. Dort war die Mehrheit der Beschäftigten organisiert. Mein Vater allerdings war bei der GDL, der hatte etwas mehr Selbstbewusstsein und wusste auch, wo er hingehört. Doch zu mir hat er gesagt: »Geh in die GdED, dann hast du deine Ruhe.« Es gibt ja viele in der Gewerkschaft, weil sie bloß ihren Frieden wollen, sowohl bei der GdED als auch in der GDL. Und wenn einer ankommt und etwas thematisiert, mischt er gleich den ganzen Laden auf. Das war ursprünglich überhaupt nicht meine Absicht.

Doch in der GdED habe ich es nicht lange ausgehalten. Das war alles so offensichtlich sozialdemokratisch arbeitgebernah. Ich war ja weder ein Anhänger der SPD noch der anderen Seite. Und vielleicht wurde ich deshalb in dieser So-war-es-schon-immer-Atmosphäre besonders sensibel für Ungerechtigkeiten. Ein echter Sozi hätte sich das vermutlich dialektisch zurechtgebogen.

Bei der Bundesbahn sind gewerkschaftspolitisch schlimme Dinge passiert. Da gab es einen sehr agilen Jugendvertreter, der hat in einer Lehrwerkstatt aufgeräumt und bekam dann bei den Wahlen als GDL-Mann die Mehrheit. Es hat nicht lange gedauert, und eines Tages wurde eine Uhr als gestohlen gemeldet. Weil der Jugendvertreter in ihre kleine rote Welt nicht richtig reinpasste, galt er als verdächtig: »Er war's, wer sonst?« Er hat das abgestritten, und wir haben es ihm auch alle geglaubt. Später hat man die Uhr bei ihm im Spind gefunden. Eine Spindtür aufzubiegen war kein Problem. Just als die Polizei kam, um die Spinde zu visitieren, war die Uhr bei ihm drin. So ein Zufall.

Bei der GdED lief es immer über Druck und Zwang. Das habe ich in der Praxis hautnah miterlebt. Wer denen nicht glaubte, wurde behandelt wie ein Ungläubiger. Irgendwann war es auf einer Betriebsversammlung mal wieder so weit. Da ist der Personalratsvorsitzende aufgestanden und hat den Beschäftigten klargemacht, die sollten sich nicht über alles beklagen, sondern bei den nächsten Bundestagswahlen vernünftig wählen. Und wenn sie die Schwarzen wiederwählten, dann bräuchten sie sich gar nicht erst an ihre Personalvertreter zu wenden, die könnten eh nichts ausrichten. Das hat mich so geärgert, dass ich zum GdED-Vertrauensmann hingegangen bin und ihm meinen Ausweis auf den Tisch gepfeffert habe: »Hier hast du das Ding!« 1971 bin in die GDL eingetreten.

Es war unüblich, die Gewerkschaft zu wechseln. Bei mir stand dann rasch jemand auf der Matte. »Wir haben gehört, du bist bei uns ausgetreten. Warum denn? – »Ja, ich will Lokführer werden, und die GDL ist die Berufsgewerkschaft der Lokomotivführer.« Dann hat er das Programm der GdED runtergeleiert. Alles eine Frage des Glaubens. Und der Drohung: »Du willst doch mal die Lokführerprüfung bestehen – denk dran, wer im Prüfungsausschuss sitzt. Das sind wir.« So ging das die ganze Zeit. »Du willst doch bestimmt einmal heiraten? »Na klar, logisch.« – »Denk dran, wer im Wohnungsausschuss sitzt, der die Eisenbahnerwohnungen verteilt. Das sind wir.« In der Büroetage in Aachen-West war niemand, der nicht das GdED-Mitgliedsbuch besaß.

Nichts los in Bremen

Als ich in die GDL eintrat, waren in ganz Aachen 183 Lokführer bei der GDL. Schon nach kurzer Zeit wurde ich Gastdelegierter bei der Generalversammlung der GDL, die in Bremen stattfand.

Wenn sie nicht mehr weiterkommen, beschäftigen sich die Gewerkschaften mit sich selbst. Das geht am besten, indem man die Satzung von links nach rechts schwenkt und wieder zurück, damit nach außen signalisiert wird, dass etwas in Bewegung sei – auch wenn nichts passiert. Oder man verändert den Gewerkschaftsnamen. In Bremen diskutierte man dessen Erweiterung: »Gewerkschaft Deutscher Lokomotivführer und Anwärter – und Triebfahrzeugpersonal.« Dahinter steckte die Idee, dass man die Heizer für die GDL gewinnen wollte. Obwohl die Heizer mit der Elektrifizierung abgeschafft wurden, sozusagen im Aussterben begriffen waren. Gleichzeitig lernte ich aber in Bremen auch eine andere, vor allem inhaltlich fundiertere Organisation als in Aachen kennen. Das hat mich zu mehr gewerkschaftlichem Engagement veranlasst. Zwei Monate später wurde mir bei der GDL Aachen das Amt des Schriftführers übertragen.

Die Phantomwähler

Es dauerte nicht lange, und in Aachen stand die nächste Personalratswahl vor der Tür. Die GDL befand sich hierbei immer in der Minderheit. Doch bei den Wahlen ging es nicht immer mit rechten Dingen zu. Es gab Wahlen, die waren schon entschieden, da hatte der Letzte noch nicht gewählt. Oder es wurden im Heizungskeller Stimmen ausgezählt, und diejenigen, die das überwachen wollten, suchten vergeblich den Wahlvorstand und die öffentliche Stimmauszählung. Es kam auch vor, dass Kollegen im Wahlverzeichnis als »hat gewählt« geführt wurden, obwohl sie keinen Stimmzettel ausgefüllt hatten, weil sie krank oder zur Kur waren. Um die Wahlfälschung zu dokumentieren, gaben sie gegenüber der GDL eidesstattliche Erklärungen ab.

Das Recht war auf unserer Seite, trotzdem wurde die Wahl nicht wiederholt, weil die Zahl der manipulierten Stimmen letztendlich nicht die Sitzverteilung verändert hätte. Außerdem sind Wahlen geheim, eidesstattliche Erklärungen gelten nicht. Es gibt den alten Spruch: »Wer eine Wahl anficht, der verliert sie erst recht.« Zwischen den konkurrierenden Gewerkschaften GDL und GdED herrschten praktisch kriegsähnliche Zustände. Ich habe die Herausforderung angenommen und gesagt: »Ich kandidiere!«

3:2 für die GDL

Wir wussten, es gab im Personalrat fünf Sitze für die Beamten. Davon hatte die GDL zwei. Wir haben hin und her diskutiert, und schließlich sagte ich zu meinen Kollegen: »Ich käme gar nicht auf die Idee, an erster oder zweiter Stelle zu stehen. Die dritte Stelle, das ist die vakante, die will ich haben. Und dann rechnen wir ab: Wer steht an dritter Stelle, die GdED oder die GDL?«

Und so offensiv haben wir den Wahlkampf dann auch geführt. Es war eine haarige Angelegenheit. Wir haben die Wähler einfach gefragt: »Wen mag der Chef? Wer kennt eure Sorgen und Probleme? Wer verspricht Dinge, die er nicht hält?« Das hat tatsächlich gefruchtet, mit neu aufgestellter Mannschaft haben wir die Wahl 3:2 gewonnen.

Das hat der Gegenseite überhaupt nicht gefallen. Sie betrachtete den GDL-Sieg als Sündenfall. Von nun an gab es immer Trubel, wenn der Personalrat tagte. Das begann schon in der ersten Sitzung. Ich bin reingekommen. Ich kannte die Sitzordnung davor, als wir noch in der Minderheit waren – vorn am Tisch saß der Vorsitzende, dann kamen seine Gefolgsleute, und wir saßen ganz hinten am Eingang. Also habe ich meinen Kollegen gesagt: »Alles klar, wir gehen diesmal als Erste rein! Du setzt dich da hin, du dort und ich hier.« Als der alte Vorsitzende hereinkam, hat er das zuerst gar nicht mitbekommen. Als es bei ihm geschnackelt hat, wollte er es nicht glauben und brüllte uns an: »Wie könnt ihr es wagen! Runter von unseren Plätzen!« Ich bin ruhig geblieben und habe ihm gesagt, er solle mir mal das Buch mit dem Personalvertretungsgesetz geben. Das habe ich aufgeschlagen und ihn dann gefragt: »Und wo, bitte, ist denn hier eine Sitzordnung festgelegt, die regelt, wer wo und wie zu sitzen hat?« Die GdEDler konnten mir nur mitteilen, dass wäre doch schon immer so gewesen. Ich sagte ihnen: »Und genau das interessiert mich einen feuchten Kehricht. Ab sofort ist die Sitzordnung anders.« Das hat die natürlich so richtig auf die Palme gebracht.

Und plötzlich stand einer von denen auf und stellte ein

Porzellanschwein vor uns auf den Tisch. »Was soll denn das?«, fragte ich ihn. Und er antwortete: »Bei jeder Sitzung zahlt jeder zwei Mark in das Sparschwein, und wenn genug Geld drin ist, fahren wir an den Rhein und machen als Personalrat einen Betriebsausflug.« Ich habe den nur angeguckt und gesagt: »Mit uns nicht. Das Schwein muss runter vom Tisch.« Und die waren schon wieder auf 180. So ging das jede Sitzung.

Wer schizophren ist und wer nicht

Der Bezirkspersonalrat in Köln wusste immer eher als wir in Aachen, wen der Arbeitgeber zur Beförderung vorgesehen hatte. Wenn es sich um ein GDL-Mitglied handelte, wurde dieser Kollege sofort von einem GdED-Funktionär in Aachen angesprochen. Dabei wurde die alte Masche, Angst zu verbreiten, wieder angewandt. Dem GDL-Mitglied wurde erklärt, dass der Bezirkspersonalrat der Beförderung zustimmen müsse. Es wäre besser, in die GdED einzutreten, dann gäbe es auch keine Schwierigkeiten. Das Ergebnis war leider allzu oft, dass der Kollege die GDL verließ, um persönliche Nachteile zu vermeiden, und in die GdED eintrat.

In Aachen-West sah die Tagesordnung der Personalratssitzung gewohnheitsmäßig folgendermaßen aus: Punkt eins: Eröffnung und Begrüßung; Punkt zwei: Arbeiterangelegenheiten; Punkt drei: Beamtenangelegenheiten; Punkt vier: Schlusswort. So stand das auch in den Protokollen, das heißt, in den Protokollen stand im Prinzip nichts. Also habe ich den Herrschaften mitgeteilt: »Jeder einzelne Fall, der hier behandelt wird, muss in die Tagesordnung aufgenommen werden, damit wir uns entsprechend vorbereiten können.« Weil die GdEDler aber am Prinzip Herrschaft durch Wissensvorsprung festhalten wollten, gab es wieder eine heftige Auseinandersetzung. Ihr Verhalten änderte sich, als wir mit Klage vor dem Verwaltungsgericht drohten. Die Sitzungsprotokolle konnten aber weiterhin nur als Farce bezeichnet werden.

Schließlich glaubten die konkurrierenden Gewerkschafter, einen schlauen Trick gefunden zu haben. Sie schlugen mich als Schriftführer für die Protokolle vor. Ich sagte: »Alles klar, mache ich gern. Aber wer glaubt, ich mache das in meiner Freizeit, der irrt.« Von den GdEDlern waren viele von der Arbeit freigestellt. »Wenn ihr die Arbeit nicht erledigt, ist das euer gutes Recht. Wenn ich es tun soll, will ich dafür auch Arbeitszeit angerechnet bekommen.« Gut, meinten sie, wie viel Zeit ich dafür bräuchte? »Hm, eine Dreiviertelstunde brauche ich für eine DIN-A4-Seite mit der Schreibmaschine.« So bekam ich je nach Protokolllänge circa fünf Stunden pro Niederschrift als Arbeitszeit gutgeschrieben.

Den Inhalt der Protokolle bestimmten zum großen Teil die GDL-Personalratsmitglieder – indem wir zu jeder Sitzung Anträge zur Tagesordnung stellten. Wenn irgendwo ein Brett wackelte, habe ich dazu einen Antrag an den Personalrat formuliert. Nach einem Jahr ist dann die Gegenseite im Personalrat geschlossen zurückgetreten, um durch Neuwahlen wieder die Mehrheit zu erlangen und vor allem um mich zu entsorgen. Das hatte es bis dato noch nie gegeben.

Gut, meinte ich, dann beginnen wir mit dem Zirkus eben von vorn. Im Aushangkasten der GDL habe ich ein Blatt angebracht, auf dem geschrieben stand: »Leute, die heute zurücktreten und morgen wieder kandidieren, sind schizophren.« Das hing ich nach meinem Schichtende morgens um sechs auf und ging nach Hause, schlafen. Damals wohnte ich noch in der Wohnung über meinen Eltern. Um zehn Uhr stand meine Mutter vor meinem Bett und war sehr nervös: »Der Dienststellenleiter hat angerufen. Er will dich dringend sprechen!« Ich sagte ihr: »Wenn ich ausgeschlafen habe, melde ich mich bei ihm.« Ich habe noch zwei Stunden geruht und ihn dann angeklingelt. Er blaffte mich an: »Schell, so geht das nicht weiter! Sie haben den Betriebsfrieden gestört!« Ich fragte ihn, ob er denn wisse, was »schizophren« bedeute? Er hätte doch bestimmt einen Duden zur Hand, um den Leuten, die sich nun aufregten, diesen Begriff zu erklären? »Das interessiert alles nicht! Wenn das um 14 Uhr nicht aus dem Kasten raus ist, werde ich jemanden beauftragen, den Kasten schwarz zu übermalen!« Ich fragte ihn: »Um 14 Uhr? Dann ist die Presse auch da!«

Das sprach sich in der ganzen Dienststelle herum. Um 14 Uhr war ich zur Stelle, ohne Presse, aber mit viel Publikum, denjenigen Kollegen, die sich nun die große Aktion anschauen wollten. Doch nichts geschah. Ich sprach in die Runde: »Die können hier gar nichts übermalen.« Diejenigen, die den Dienststellenleiter zu der Aktion veranlasst hatten, standen da und hatten Schaum vorm Mund. Ich ging zum Dienststellenleiter und sagte ihm: »Um 18 Uhr habe ich stationären Dienst und morgen früh um fünf Feierabend. Bis dahin haben alle den Aushang gelesen, und ich nehme ihn aus dem Kasten. Ist das ein Wort?« – »Das ist ein Wort«, knurrte er widerwillig. Anschließend ging das noch lustig so weiter, und die Wahlen – wie gingen sie aus? 3:2 für uns.

Rüttelzulage oder Weihnachtsgeschenke

Auf einmal forderte die GdED für die Lokführer eine Extraprämie zu ihrem Gehalt: eine Rüttelprämie, weil die Lokomotiven so wackelten. Als der Gruppenleiter kam, fragte ich ihn: »Sagen Sie mal, Sie sind doch in der GdED und haben dort eine Funktion inne. Können Sie mir erklären, was das sein soll, eine ›Rüttelprämie‹?« Daraufhin hat der sich ganz schön einen abgebrochen. Was er mir erzählen wollte, hat er selbst nicht geglaubt. Aber viele Kollegen haben seinen geistreichen Ausführungen interessiert zugehört.

Wir von der GDL haben immer die Dinge getan, die die GdED noch nicht auf der Pfanne hatte. Kurz vor Weihnachten sind wir zu Aldi gegangen und haben kleine Geschenke gekauft: Schokolade, Plätzchen und so weiter. Die haben wir gebündelt und nett verpackt, und Heiligabend ab 16 Uhr stand ich in der Lokleitung und habe allen, die Dienstbeginn hatten, persönlich eine Weihnachtsgabe von der GDL überreicht.

Für den Aufenthaltsraum haben wir ein Fernsehgerät gefordert. Das war der nächste Streitpunkt. Die GdED hat das nur abgelehnt, weil nicht sie auf die Idee gekommen war. Also hat der Dienststellenleiter das ebenfalls abgelehnt. Der hat sich sogar geweigert, die Gebühren zu übernehmen. Wir haben das Gerät gekauft und den Kollegen mitgeteilt: »Wenn der Alte das nicht bezahlt, machen wir monatlich eine Umlage, da schmeißt jeder 50 Pfennig rein, und fertig ist der Lack.« So kam es auch.

1973 wollten wir einen Kameradschaftsabend veranstalten. Eine öffentliche Ehrung von Dienstjubilaren mit Präsenten, Reden und einem Buffet, denn Tradition muss ja gelebt werden, wie man so sagt. In der GDL-Ortsgruppe hatte niemand Lust. Ach, hieß es, das kostet doch nur Geld! Ich habe gesagt, Probieren geht über Lamentieren. Wir sind in eine alte Werkstatt gefahren und haben uns Signale, Werkzeug, Lampen und Ölkännchen ausgeliehen und damit die Bühnendekoration gestaltet. Der Abend wurde ein voller Erfolg.

Anschließend hat mir der Ortsgruppenvorsitzende gesagt: »Pass mal auf, Manfred, du kannst alles machen, wie du willst. Ich bin dafür. Aber dann übernimmst du auch die Ortsgruppe.« Er schrieb einen Brief an den GDL-Bezirksvorstand in Köln, dass er mit mir gesprochen habe, von dem Amt zurücktrete und ich bereit sei, zu kandidieren. Und dann war ich plötzlich Ortsgruppenvorsitzender.

Bitte mit Schell

Zu Beginn des Jahres 1974 überraschte uns die Bahn mit neuen Beurteilungsrichtlinien. Die waren auch für die Beförderungen wichtig. Mit denen sollte die individuelle Arbeitsleistung des Lokführers bewertet werden. Das geschah völlig willkürlich. Die GDL-Ortsgruppe hat deshalb einen Zettel entworfen, den wir jedem GDL-Mitglied in die Hand gedrückt haben. Unter »Betreff: Eröffnung dienstlicher Beurteilung« war folgender Text zu lesen: »Ich wünsche, dass das Personalratsmitglied Manfred Schell bei der Eröffnung der dienstlichen Beurteilung anwesend ist.« Unterschrift, Name, Adresse, Dienstgrad. Die Hälfte aller Lokführer füllte den Zettel aus und warf ihn in meinen Spind.

Deshalb war ich bei neunzig Beurteilungsgesprächen dabei. Die erfolgten mündlich durch den Dienststellenleiter. Bis dato war es völlig unüblich, dass man zu einem solchen Termin jemanden von der Gewerkschaft mitbrachte. Tür auf, der Lokführer tritt ein, der Dienststellenleiter sagt zu ihm: »Guten Tag, wir haben festgestellt, Ihre Leistung ist befriedigend, danke schön.« Ich fragte dann jedes Mal: »Herr Dienststellenleiter, woher wollen Sie das wissen? Sind Sie bei dem Lokführer in der Lok mitgefahren?« Das hat den dann völlig aus dem Konzept gebracht. Der kannte die Lokführer oftmals nicht persönlich, sondern las ihre Namen und ihre Bewertungen von einer Liste ab. Es war klar, dass pro Jahr nur ein paar Lokführer befördert werden konnten, weil die Bahn nicht mehr vorgesehen hatte. Der Rest wurde einfach zu Mittelmaß erklärt. Das geschah rein subjektiv. Und genau das haben wir gegeißelt.

Still ruht der Beamtenbund Aachen

Die GDL ist Mitglied im Beamtenbund, dem Zusammenschluss der Gewerkschaften des öffentlichen Dienstes. In Aachen war davon nichts zu bemerken. Ich fragte meinen Vorgänger, den alten Ortsgruppenchef, wo sich denn in Aachen der Beamtenbund verstecken würde? Er sagte mir, dass er von denen seit Jahren nichts mehr gehört habe. Die hätten in Aachen einen Vorsitzenden, der müsste so um die achtzig Jahre alt sein, wenn er denn überhaupt noch lebte.

Das tat er tatsächlich. Doch genau das herauszukriegen war gar nicht so einfach. Mühsam habe ich ermittelt, wer in Aachen alles im Vorstand des Beamtenbundes war. Schließlich traf ich mich mit dem Schriftführer, der Mitglied der GDBA war. Ich fragte ihn, ob er denn die Adressen der anderen Gewerkschaften kennen würde? Und siehe da, er hatte sie zu Hause und schickte sie mir zu.

Daraufhin schrieb ich alle 27 Einzelgewerkschaften an, die es in Aachen zumindest formal geben sollte, und lud deren Vorsitzende zu einer Versammlung ein, um einen neuen Vorstand zu wählen, der den Beamtenbund in der Stadt wiederbeleben sollte. Zu dem Termin kamen fünf örtliche Gewerkschaftschefs. Denen teilte ich mit, dass sie wieder nach Hause gehen sollten, denn mit fünf könnten wir keinen Vorstand wählen. Auf die nächste Einladung reagierten acht Gewerkschaften. Prozentual eine gewaltige Steigerung, aber es reichte immer noch nicht.

Ich habe dann überlegt: Ich muss sie ködern. Ich setzte mich mit dem Rathaus in Verbindung. Es wurde ein Empfang vom Oberbürgermeister gegeben – für die Ortsgruppenvorsitzenden des Deutschen Beamtenbundes in Aachen. Dazu mussten die ihren schwarzen Anzug tragen und sich von ihren Ehefrauen das weiße Hemd bügeln und die passende Krawatte heraussuchen lassen. Es kamen vierzehn. Damit haben wir die Arbeit begonnen. Und wer war wieder Erster Vorsitzender? Der Schell.

Ich habe den Beamtenbund in Aachen ein bisschen auf Trab gebracht, Staatsekretäre und Landesminister eingeladen und mit denen öffentlich diskutiert. Oder Hermann Fredersdorf aus der Bundesleitung des Beamtenbundes. Der glaubte, dass die Politiker die Steuergelder aus dem Fenster werfen würden, und gründete später eine bürgerliche Protestpartei. Franz Josef Strauß fragte ihn: »Herr Fredersdorf, wollen Sie nicht Finanzminister werden?« Er meinte nur: »Ich werde kein Finanzminister, ich mache Finanzminister.« Seine Partei, die Bürgerpartei, erzielte bei den Bundestagswahlen 0,0 Prozent der abgegebenen Stimmen.

Ab November 1974 war für mich mit dem Beamtenbund in Aachen Schluss. Ebenso mit dem Lokfahren. Ich wurde GDL-Profi und trat bei der Zentrale in Frankfurt meinen Dienst an. Der geschäftsführende Vorstand hatte mich im Februar gefragt, ob ich nicht in der Zentrale mitarbeiten wollte. Ich muss wohl dem damaligen stellvertretenden Bundesvorsitzenden Karl Klein bei Schulungen für Personalräte aufgefallen sein. Der hatte mit dem Bundesvorsitzenden Alois Zehnder geredet und gesagt, wenn du das nächste Mal eine Schulung machst, guck dir den mal genauer an und unterhalte dich mal unauffällig mit ihm. Ich stand also zunächst, ohne es zu wissen, unter Beobachtung. Und dann kam die offizielle Anfrage, ob ich bereit wäre, nach Frankfurt zu kommen. Zuerst haben wir das in Aachen noch ein bisschen geheim gehalten, doch dann war es auch in der Ortsgruppe bekannt. Die schrieb einen Brief nach Frankfurt, dass es unmöglich wäre, einen derart fähigen Mann wie mich aus Aachen abzuziehen, das würde katastrophale Folgen haben. Doch die sind dann nicht eingetreten – Aachen hat es gut überlebt.

Hauptsache, GDL versichert

Am 1. November 1974 trat ich meinen Dienst bei der GDL in Frankfurt am Main an. Meine Freundin Marianne und ich packten die Koffer und fuhren von Aachen nach Frankfurt. Zunächst war das Arbeitsverhältnis befristet bis zur nächsten Generalversammlung. Es war nicht klar, ob ich dabei bleiben würde. Deshalb war das eine recht provisorische Unterkunft. Die Wochenenden habe ich in Aachen verbracht.

Das Erste, was ich in Frankfurt zu tun hatte, war, in Versicherungen zu machen. Die GdED hatte exklusiv für ihre

Mitglieder eine Familienrechtsversicherung abgeschlossen. Das konnten wir nicht auf uns sitzen lassen. Die GDL musste etwas Ähnliches anbieten. Ich arbeitete mich in das Versicherungsrecht ein. Der Tag hatte zu wenig Stunden für diese Aufgabe. Nächtelang saß ich an meinem Schreibtisch und habe gepaukt. Dann war ich der Mann der GDL-Versicherung. Mir wurden die Fälle vorgelegt, die ich abzulehnen oder positiv zu bescheiden hatte: Ein Rangierer hat um 14 Uhr Feierabend, der Lokführer eine Stunde später. Kommt der Lokführer nach Hause, so hat der Rangierer schon seinen eigenen Weg schneefrei geschaufelt. Liegt jetzt alles beim Lokführer auf dem Gehweg. Folge: ein Kollegenkrieg mit Beleidigung, also Rechtsschutz.

Oder: Ein pensionierter Lokführer ist mit seinem Enkel im »Pagi«, was sich als Kinderwagen herausstellte, ins Kaufhaus gegangen. Plötzlich stellt sich ihm ein Rüpel in den Weg. Er bittet ihn höflich, zur Seite zu treten. Stattdessen gibt ihm der Rüpel eine dumme Antwort. Daraufhin schubst der Lokführer ihn um – und er fällt drei Meter weiter in den Kleiderständer. Der Lokführer geht zu ihm und will ihn zur Rede stellen, kriegt aber einen Schlag auf die Leiste, genau an die Stelle, die ihm vor Kurzem operiert wurde. Dann schlägt er den Rüpel richtig. Der Lokführer hat Strafanzeige wegen Körperverletzung gestellt. Rechtsschutz abgelehnt.

Oder ein anderer Fall: Einem Kollegen, verheiratet, ein Kind, kam die Frau abhanden. Sie hatte einen Liebhaber und ist ausgezogen. Er bekam Post vom Rechtsanwalt, er solle die restlichen 10 000 D-Mark, die für die Ausbildung des gemeinsamen Kindes angelegt worden waren, an sie auszahlen. Hierauf ist er nachmittags um 16 Uhr vom Dienst gekommen, in den Keller gegangen und hat ein Beil in eine

Plastiktüte gesteckt, hat sich zum Geschäft begeben, wo sie arbeitete, und gewartet, bis sie rauskommt, und dann das Beil genommen und ihr auf den Schädel geschlagen. Die Frau war tot. Er hat das Beil abgesetzt und ist weggeschlendert. Nach 30 Metern wurde er verhaftet. Als er im Gefängnis saß, wollte er Unfallrechtsschutz. Den habe ich abgelehnt.

Betriebsräte waren auch zu beraten. Ich musste in vielen Sachgebieten Schulungen durchführen. Jeden Tag gab es etwas Neues. Ich war Assistent des Bundesvorsitzenden Alois Zehnder. Mit ihm bin ich immer gut ausgekommen. Einmal hat er mich gebeten, für ihn einen Zug am Wochenende herauszusuchen. Aus diesem Grund musste ich zum ersten Mal in meinem Leben in ein Kursbuch schauen. Der Zug, den ich ihm herausgesucht hatte, fuhr am Sonntag aber nicht. Der Chef der Lokomotivführer-Gewerkschaft stand also auf einem Bahnhof in der Provinz und konnte nicht weg. Er war stocksauer – verständlich.

Stadt – Land – Grillparty

Marianne und ich haben 1976 geheiratet. Die Hochzeit feierten wir in Aachen. Polterabend mit 45 Personen, dann aufs Standesamt und eine Woche später in die Kirche. Schon auf der Hochzeit gab es Wetten, wie lange diese Ehe halten würde. Einen Monat oder ein Jahr? Wir sind heute noch zusammen.

Nach der Hochzeit sind wir in das Haus der GDL, in der Frankfurter Westendstraße, eingezogen. Meine Frau hat als Bankkauffrau bei einer amerikanischen Bank in Frankfurt gearbeitet. Nachdem 1978 unsere Tochter Silke geboren wurde, blieb sie zu Hause.

Im Haus der GDL in der Westendstraße wohnten auch der GDL-Vorsitzende und weitere Angestellte der Organisation.

Ursprünglich hatte die GDL ihren Sitz in Berlin. Aufgrund der deutschen Teilung zog sie nach dem Krieg nach Rheine in Westfalen in einen alten Bahnhof, der noch in Betrieb war. Das war eigentlich als Provisorium gedacht, ähnlich wie Bonn bundesdeutsche Hauptstadt wurde. Rheine lag in der britischen Besatzungszone, in der sich Ende 1946 wieder die ersten GDL-Gruppen gründeten und die GDL 1948 offiziell zugelassen wurde. Aus dem Provisorium wurde Alltag, weshalb die GDL 1957 nach Frankfurt umzog. Dort hatte sie sich ein Büro- und Wohnhaus gebaut. In Frankfurt saß auch die Hauptverwaltung der Deutschen Bundesbahn. Weil aber der Apparat der GDL wuchs, zog die Zentrale schließlich in den Baumweg, in ein reines Bürohaus.

Ich zog mit meiner Familie ebenfalls um, nach Hofheim am Taunus. Mittlerweile war auch unser Sohn Marc geboren worden. Wir kauften ein Haus im Vordertaunus, nah am Wald und an den Feldern – das wollte ich meinen Kindern bieten. Anfänglich war meine Frau nicht begeistert, sie war Aachener Stadtkind, aber das hat sich dann gewandelt. Auf dem Dorf haben die Alteingesessenen, die sogenannten Ureinwohner, zu jedem Zugezogenen zunächst einmal eine etwas distanzierte Haltung. Doch wer freundlich ist, bekommt auch Freundlichkeit zurück. Die Kontakte werden häufig dadurch geknüpft, dass die Kinder gemeinsam in den Kindergarten gehen, darüber lernen sich die Frauen kennen – und schon findet man sich auf Grillpartys und Geburtstagsfeiern wieder.

Vor der Sitzung ist nach der Sitzung

1982 bekam Alois Zehnder Herzprobleme. Er wurde in eine Klinik eingeliefert. Man stellte fest, dass er einen Bypass benötigte. Er wurde nach München-Großhadern überwiesen. Dort legte man ihm fünf Bypässe und erteilte ihm den Rat, er solle aufhören zu arbeiten, wenn er noch etwas vom Leben haben wolle. Er war seit 1963 Vorsitzender. Nach der Bypass-Operation erklärte er, dass er aus dem Vorstand ausscheide.

Im Januar 1983 gab es dann eine außerordentliche Hauptvorstandssitzung. Es ging weniger um die Frage, wer nun Vorsitzender werden soll. Das wurde der stellvertretende Vorsitzende Karl Klein. Stellvertreter blieb Roland Lüder. Aber es fehlte noch ein Stellvertreter. Ich wollte das gern machen, doch Klein hatte jemand anders in petto. Und es gab noch zwei weitere Mitbewerber aus dem Hauptvorstand, dem ich aber nicht angehörte.

Klein warb also für seinen Kandidaten. Das war mir schon vor dieser Sitzung bekannt. Entscheidend ist nicht die Sitzung, sondern das, was vor der Sitzung passiert. Im Hauptvorstand war schon der Generationenwechsel im Gange. Klein und Lüder waren sozusagen die alte Schule. Ich traf mich hingegen mit den jungen Hauptvorstandsmitgliedern, und wir beschlossen, die GDL etwas aufzufrischen. Auf der entscheidenden Sitzung wurde ich dann für den Stellvertreterposten im Vorstand vorgeschlagen und gewann im zweiten Wahlgang mit einer Stimme Mehrheit.

Auf der Generalversammlung, die knapp ein Jahr später 1984 in Nürnberg stattfand, hat niemand mehr gegen mich kandidiert. Der Hauptvorstand schlug mich als einzigen Kandidaten den Delegierten vor. Denn eine Kampfabstimmung mit dreihundert stimmberechtigten Delegierten durchzuziehen ist heikel. So etwas sollte man sich ersparen, denn dann erhält unter Umständen jemand die Mehrheit, der alles verspricht, aber am Ende nichts halten kann; der die flammendste Rede hält und den Delegierten am meisten nach dem Mund redet; einer, der angeblich die Welt verändern will und nach seiner Wahl gar nicht weiß, in welcher Welt er eigentlich lebt.

Wer macht das Licht aus?

Über dringende Probleme, so schien es mir, wurde im Hauptvorstand nicht geredet, und erst recht wurden keine neuen Konzepte entwickelt. Bei meinem ersten Auftritt als neuer Stellvertreter habe ich das Gremium fast zu Tode erschreckt. Ich hatte die Mitgliederentwicklung in der GDL der letzten zehn Jahre untersucht und wagte die Prognose, dass, wenn sich nichts ändere, in zwanzig Jahren und drei Monaten der letzte GDLer das Licht in seiner Organisation ausmachen müsste. Die GDLer, die nach dem Krieg wieder eingetreten waren, gingen in Rente, und der GDL fehlte der Nachwuchs. Für mich gab es nur eine Lösung: »Die GDL muss attraktiver werden.«

Das hatte dem Hauptvorstand noch niemand gesagt. Einer meinte ratlos zum Vorsitzenden: »Karl, das ist so, wie es ist. Ich bin froh, wenn ich die Austritte durch Neumitglieder abdecken kann. Aber gegen die Toten kann ich nichts machen.« Karl Klein versuchte, den Ball flach zu halten. Er erklärte, es habe bei der GDL immer schon Höhen und Tiefen in der Mitgliederentwicklung gegeben und wenn es der Gewerkschaft schlecht gehe, wäre das ein Zeichen dafür, dass es ihr auch bald wieder besser ginge. Und deshalb könne alles so bleiben, wie es ist. Solche Sprüche waren Balsam auf die blank liegenden Nerven des Hauptvorstands. Mich hat diese Haltung sehr gefuchst. Und die anderen jungen Mitglieder des Hauptvorstands ebenfalls.

Auf der Generalversammlung in Nürnberg traten wir auf unter dem Motto »Weg von ausgetretenen Pfaden – auf zu neuen Ufern«. Das hatte ich mir ausgedacht. Wir präsentierten ein Maßnahmenpaket, das die GDL attraktiver machen sollte: Veranstaltungsprogramme – nach innen, um die Identifikation der Mitglieder mit ihrer Organisation zu erhöhen, und nach außen mit neuen Formen der Mitgliederwerbung bis hin zu einer Produktpalette mit GDL-Feuerzeugen, -Uhren, -Regenschirmen und so weiter.

Wir regten an, für Schulungen eine Kamera zu kaufen. Unsere Mitglieder sollten sich selbst einmal sehen, wie sie reagierten, wenn man ihnen eine Frage stellte. Filmisch festhalten, wie man argumentiert, um das zu verbessern und zu diskutieren. Da lag einiges im Argen. Wenn man die Besucher einer solchen Schulung aufforderte, sie sollten einmal fünf Vorteile der GDL aufschreiben, dann sind sie bei zwei, maximal drei Vorteilen hängen geblieben. Aber wenn sie aufschreiben sollten, was die Argumente des gewerkschaftlichen Gegners seien, da sind ihnen sieben eingefallen. Denen fiel immer nur ein, wir sind eine Berufsgewerkschaft, leisten eine gute Rechtsschutzarbeit und haben günstige Beiträge. Insgesamt ging es darum, mehr Aggressivität in die Selbstdarstellung der GDL zu bekommen.

Das neue Logo

Der wichtigste symbolische Punkt bei den Reformvorschlägen war ein neues Logo. Es sollte eine Signalwirkung entfalten und nach außen demonstrieren: Hier ändert sich was!

Für das Logo hatte ich mich extern beraten lassen. Es wurde entworfen von einem Grafikbüro, das eine Idee der GDL-Jugend aufgriff. Bis dahin war das Logo die gute alte Dampflok, ein Symbol, das wie aus der Zeit gefallen wirkte, denn es fuhren ja keine Dampfloks mehr, oder wenn, dann nur für Museumsveranstaltungen. Und wir wollten doch eine moderne Gewerkschaft sein.

Das Logo sollte die moderne Zugform darstellen. Links vorn ist das »G« abgeschrägt – wie ein moderner Triebwagen. Dahinter die Waggons, »D« und »L«, sind gleich lang und fahren auf Schienen, die durch Rauten dargestellt werden.

Ich habe dieses Logo gegen den Widerstand von Klein und einigen anderen Hauptvorstandsmitgliedern in der Generalversammlung als das Logo der Zukunft vorgestellt – präsentiert auf einer extra angefertigten Fahne. Das gab ein großes Hallo.

Daraufhin meldete sich jemand, der warnte, die Abschaffung des alten Logos wäre dasselbe, als wenn die katholische Kirche Jesus vom Kreuz nehmen würde. Doch die katholischen Bayern hatten einen anderen Vergleich. Sie sagten, das wäre so, als wenn die Münchener aus ihrem Stadtwappen das Münchner Kindl verbannen würden. Schließlich stieg der alte Bezirksvorsitzende von Köln, Oswald Zock, noch einmal in die Bütt und warnte, dass die GDL sich nicht den neuen Zeiten verschließen dürfe – bei Strafe des Untergangs. Dieser Rat eines Altvorderen hat die Wogen etwas geglättet. Zum Schluss wurde das Logo angenommen.

Trotzdem hieß es immer noch, das Logo sei zu teuer, weil im Vierfarbdruck. Wenn man damit Plakate und Briefe versehen wollte, sei das unfinanzierbar. Sogar auf den Toiletten wurden Unterschriftensammlungen gegen die Vierfarbigkeit durchgeführt. Letztlich erfolglos, denn das Logo ließ sich finanzieren. Es lässt sich auch heute noch finanzieren.

Bundesvorsitzender und Europäer

Und irgendwann waren wir nicht mehr nur der Nachwuchs. Bei der nächsten Generalversammlung wollte Klein nicht mehr als Vorsitzender kandidieren. Es kam zu einer Verjüngungskur. Im Mai 1989 wurde ich in Wiesbaden zum Bundesvorsitzenden gewählt, meine Kollegen Heinz Fuhrmann und Dieter Kowalsky zu meinen Stellvertretern. Wir waren die neue Generation in der GDL. Das offizielle Motto lautete: »Mit der GDL Zukunft sichern.«

Im Juni 1989 gründete die GDL zusammen mit den Lokführer-Gewerkschaften in Italien und der Schweiz in Rom die ALE, die Vereinigung der autonomen Lokführer-Gewerkschaften Europas. Der Kerngedanke dabei war, die arbeits- und sozialrechtlichen Standards europaweit zu vereinheitlichen beziehungsweise für Mindeststandards einzutreten. 1987 hatte die EU die Schaffung des EU-Binnenmarktes beschlossen, das heißt die Wirtschafts- und Währungsunion, die dann 1993 auch realisiert wurde. In Rom hatten wir noch keine Vorstellung davon, dass wir Deutschen uns mit diesen Fragen erst mal zu Hause würden beschäftigen müssen, nämlich als dann die DDR zusammenbrach.

Kapitel IV: Schlag auf Schlag
Streiken ist erlaubt: Die Gründung der GDL als erste freie Gewerkschaft der DDR

Als die DDR-Führung am 9. November 1989 völlig überraschend die Grenze öffnete, hatten sich die Menschen im Westen größtenteils mit der Teilung abgefunden. Fünfundvierzig Jahre nach Kriegsende waren auch die familiären Beziehungen zwischen Ost- und Westdeutschen auf ein Minimum geschrumpft.

Wenn in den Neunzigerjahren im Westen eine Minderheit negativ über die »Ossis« urteilte, so war an dieser Haltung nichts neu. Auch die Deutschen aus den ehemaligen Ostgebieten wurden im Westdeutschland der Fünfzigerjahre nicht mit offenen Armen empfangen. Damals gab es ebenfalls Stimmungsmache, dass die Flüchtlinge die Probleme im Westen, Armut und Arbeitslosigkeit, noch verschlimmern würden. Das war aber nicht Volkes Meinung. Ich kann mich erinnern, dass an Weihnachten in vielen Fenstern Kerzen brannten, für die »Brüder und Schwestern im Osten«.

Als Willy Brandt 1969 Kanzler wurde, war Schluss damit. Von der SPD und den meisten Medien wurde nun verbreitet, dass die Bürger der DDR sich mit ihrem Staat ausgesöhnt hätten. Das kam mir allerdings suspekt vor. Denn mir war nicht bekannt, dass sich die DDR plötzlich zu einem demokratischen Rechtsstaat entwickelt hätte.

Ich wollte wissen, was in diesem geheimnisvollen Land los war. 1978 ging ich in ein Reisebüro, um eine Reise durch die DDR zu unternehmen. Und zwar allein mit dem Auto. Ich ging in ein Reisebüro und machte die Route klar: Weimar – Erfurt – Leipzig – Dresden. Von der durfte man nicht abweichen, pro Stadt gab es dabei einen Umkreis von 30 Kilometern. Wer trotzdem weiterfuhr, bekam Ärger.

Die erste Stadt, die ich besuchte, war Weimar. Bauhaus, Stadtschloss, Herderkirche, die Häuser von Goethe und Schiller – das war eine schöne Stadt, in die auch schon zu DDR-Zeiten einiges investiert wurde. Durch Zufall nächtigte ich im besten Haus am Platz. Abends saß ich an der Bar. Da waren nicht viele Einheimische, aber immerhin. Ich unterhielt mich auch mit dem Personal. Über der Bar hing ein Foto von Erich Honecker. Beruhigend, dass der auf uns aufpasst, meinte ich zum Barkeeper, und der antwortete: »Genau an der Stelle hing früher auch das Bild vom Führer.«

In Erfurt, der Stadt, in der Willy Brandt 1970 während seines Staatsbesuchs frenetisch bejubelt worden war, ging ich ins Bahnhofsrestaurant. Dort saßen jede Menge Eisenbahner. Ich gesellte mich zu ihnen, und wir tranken zusammen Bier. Die wollten wissen, was ich für ein Auto fahre, und erzählten mir von ihren Sorgen, zum Beispiel von den Schwierigkeiten, für ihre Trabants und Wartburgs Reifen zu bekommen. Schließlich fragten sie mich, wo ich denn schlafen würde. »In dem Haus, wo Willy Brandt ans Fenster getreten ist und bejubelt wurde. Im *Erfurter Hof*.« – »Ach ja, da sind wir vor achtzehn Jahren das letzte Mal drin gewesen.« – »Wieso das denn?« – »Wir kommen da nie rein.« Dann haben wir noch zwei Bier getrunken, und ich sagte zu ihnen: »Auf geht's!« – »Ja, wohin denn?« – »Na, in den *Erfurter Hof*, wohin denn sonst?« Entsprechend erstaunt reagierten sie.

Meine Tischnachbarn waren vier Männer und eine Frau, und ich habe sie überredet, mich zu begleiten. Als wir am *Erfurter Hof* ankamen, stand ein Begrüßungsaugust in Livree an der Tür und sagte: »Guten Abend, Sie wünschen bitte?« Ich antwortete: »Ich wohne hier.« Die Tür stand offen. Ich sagte zu meinen Begleitern: »Kommt.« – »Nein, nein, die Herrschaften nicht.« Ich fragte ihn, ob er allen Ernstes glaube, dass ich, wenn ich nach Erfurt käme, um meine Bekannten zu besuchen, die dann vor der Tür stehen lassen würde? Hm, hm, brummte er, wo ich denn hinwolle. – »In die Bar.« – »Die ist besetzt.« Daraufhin bin ich an ihm vorbei im Laufschritt an die Bar geeilt. Die befand sich im Keller. Dort standen drei Männer und machten Musik – für zwei Gäste. Ich lief wieder hoch und herrschte den Portier an: »Sie können verarschen, wen sie wollen, aber mich nicht! Die Bar ist leer, und wir gehen da jetzt rein!« Der Mann hat uns tatsächlich hereingelassen. Die Erfurter konnten es nicht glauben.

In Dresden ging ich in ein Restaurant, in dessen Eingang stand ein Schild: »Bitte warten. Sie werden platziert.« Ich habe mich einfach an einen Tisch gesetzt. Die Kellnerin hat mich verständnislos angeschaut, aber bedient. Sie wird sich schon gedacht haben: »Aha, Westen.« Und während ich da saß, beobachtete ich, wie ein älteres Ehepaar vor dem Schild stand. Die waren ziemlich klapprig, weit jenseits der siebzig. Kein Mensch ging hin und fragte sie, was sie wollten. Ich fragte die Kellnerin, ob sie die Herrschaften vielleicht mal hereinbitten möchte? »Nee, wir machen jetzt

Schichtwechsel.« Das Ehepaar wartete treu und brav. Im Arbeiter- und Bauernstaat.

Als ich wieder zu Hause war, wusste ich genau, dass die im Westen nur Unsinn über den Osten behaupteten. Von wegen ausgesöhnt!

Die neue Zeit beginnt

Ende September 1989 wurde in München der erste ICE-Triebwagenkopf, im Volksmund die Lokomotive dieses neuen Zugtyps, vom damaligen Verkehrsminister Friedrich Zimmermann feierlich der Bundesbahn übergeben. Er war auf 280 Stundenkilometer ausgelegt und der Erste von 82 Stück, die die Bahn bestellt hatte. Man sagte, das sei der Beginn einer neuen Zeit. Und als am 9. November in Berlin die Mauer fiel, wusste man plötzlich, dass die neue Epoche auch eine politische sein würde. Erst die gefälschte Kommunalwahl in der DDR im Frühjahr, die Montagsdemos in Leipzig, die Flüchtlinge in den bundesdeutschen Botschaften, der Rücktritt Honeckers – es ging alles Schlag auf Schlag. Die Geschichte entwickelte ihre eigene Geschwindigkeit. Kaum konnten die DDR-Bürger ungehindert reisen, bekam die GDL in Stuttgart auch schon Besuch von einem ostdeutschen Kollegen namens Willy Odersky. Der nutzte eine Privatreise zu seiner Familie in Baden-Württemberg, um sich bei der GDL zu informieren, was sie unter Gewerkschaftspolitik verstehe. Er war ein Lokführer aus Halle. Das war der drittgrößte Güterbahnhof der DDR, ein wichtiger Verkehrsknotenpunkt des Landes. Der gesamte ostdeutsche Güterverkehr gründete ja auf dem Eisenbahnnetz, Lkws spielten kaum eine Rolle.

Der Bezirksvorsitzende aus Stuttgart informierte dann die Hauptgeschäftsstelle in Frankfurt am Main, dass sich Lokführer aus Halle für die GDL interessierten. Und dann tauchten im Januar auch schon ein paar Kollegen als Delegation in Frankfurt auf. Wir verabredeten gemeinsam, einen deutsch-deutschen Erfahrungsaustausch zu organisieren. Der fand am 24. Januar 1990 im Bahnbetriebswerk Halle P statt. Am Ende des Tages hatte sich die GDL als erste freie Gewerkschaft der DDR gegründet.

Wenn nicht jetzt, wann dann?

An diesem Tag traf ich mich morgens um fünf Uhr mit meinem Vorstandskollegen Dieter Kowalsky in Frankfurt; wir stiegen ins Auto und fuhren durch Thüringen nach Halle. Wir waren gespannt, wir wollten wissen: Wie ist die Lage? Wir kamen am Vormittag an. Es war eine Menge los, 96 Lokomotivführer aus 36 Bahnbetriebswerken waren anwesend. Die waren aus der gesamten DDR angereist, von der See im Norden, aus dem Erzgebirge, aus Erfurt, Berlin, dem Vogtland und so weiter. Sie wollten wissen: Wie geht es jetzt weiter? Sie wussten, der FDGB, die Einheitsgewerkschaft der alten DDR, hatte sich erledigt.

Die Versammlung wurde geleitet von Lothar Resch, einem erfahrenen Mann. Er war Reichsbahnoberrat. Die Leute kannten ihn gut, er war Betriebsgewerkschaftsleiter (BGL) im FDGB für das Bahnbetriebswerk gewesen. Ich setzte mich hin und hörte mir an, was geredet wurde. Die meisten fragten, was aus der Reichsbahn und aus ihrem Arbeitsplatz werden würde. Allen war klar, dass sie sich jetzt selbst um ihre Belange kümmern müssten, weil ihnen nicht mehr die Partei sagte, was sie zu tun hatten. Da bin ich aufgestanden und habe eine kurze Rede gehalten. Aus dem Stehgreif, ohne Zettel. Ich habe die Versammelten einfach gefragt. »Warum gründet ihr nicht eure eigene Gewerkschaft?« Allgemeiner Beifall. Viele riefen: »Ja, genau, das müssen wir tun!« Dann fragte ich sie: »Wann, wenn nicht jetzt? Oder wollt ihr das alles erst noch mal beraten und prüfen?« Nein, das wollten sie nicht. So wurde exakt um 12.02 Uhr die GDL der DDR gegründet. Noch vor dem Mittagessen. Hinter dem Podium hing eine alte Fahne der Reichsbahndirektion Halle, die hängt jetzt in der GDL-Zentrale in Frankfurt. Darauf steht: »Für hervorragende Leistungen im sozialistischen Wettbewerb«.

Das Minimalprogramm

Beim Mittagessen setzten wir uns mit Resch, seinem Kollegen Georg Beck und einigen anderen zusammen und skizzierten ein Minimalprogramm für die neue Gewerkschaft. Es ging um das Recht auf Arbeit, soziale Sicherung, Verbesserung der Bedingungen am Arbeitsplatz, Arbeitszeitverkürzung und Einkommensverbesserung. Das trugen wir anschließend der Versammlung vor. Keine Einwände. Nur brauchte die GDL jetzt noch einen Gründungsvorstand. Das wurden die Lokführer aus Halle, die vorn am Tisch saßen: Hartmut Schaefer, Georg Beck, Lothar Resch und Willy Odersky.

Dann kam die Frage auf, wer Gründungsvorsitzender werden sollte. Einer zeigte auf Resch und sagte: »Den Lothar nehmen wir.« Und der wurde es – per offener Abstimmung mit Handzeichen: vier Enthaltungen und eine Gegenstimme. Anschließend besprachen wir noch in dessen

Büro die Pressemitteilung, dann setzten Kowalsky und ich uns wieder ins Auto und fuhren nach Hause. Wären wir an dem Tag mit der Bahn gefahren, wäre die GDL vermutlich nie gegründet worden. Die Anwesenden trugen die Kunde von der neuen Gewerkschaft in ihre Arbeitsstellen. Das waren Multiplikatoren. Die erzählten das ihren Kollegen im Dienstunterricht. Das war die Kommunikationsplattform. Der Buschfunk lief hervorragend. Die Leute offiziell zu erreichen war viel schwieriger. Die Kommunikation zu den anderen Bahnbetriebswerken ging nur über die Lokleitung, die sogenannte BASA. Und wer nach Westdeutschland telefonieren wollte, musste sich verbinden lassen.

Sie sind gefeuert!

Die Gründung der GDL war im Osten etwas ganz Neues. Bislang hatte es nur den FDGB, den Freien Deutschen Gewerkschaftsbund, gegeben. Er versammelte fast zehn Millionen Mitglieder, die aber nichts zu melden hatten. Anfang 1990 war der langjährige Vorsitzende Harry Tisch schon abgetreten, seine Nachfolgerin hieß Helga Mausch. Die war zwar nicht mehr Mitglied der SED, aber der NDPD, kam also auch aus der Nationalen Front, der formal erweiterten Einheitspartei der DDR.

In den Betrieben hatten die alten Seilschaften noch das Sagen. In Halle waren sie bass erstaunt, dass ihr BGL-Vorsitzender Lothar Resch auf einmal einer neuen Gewerkschaft angehören sollte. Sie schimpften ihn »Verräter«. Einen Tag nach der GDL-Gründung wurde er von seinem Stellvertreter zu einer BGL-Sitzung geholt. Dort saß die gesamte BGL-Leitung bereits zusammen und auch noch ein Vertreter der Bezirksleitung des FDGB. Die teilten ihm mit, dass er zum 1. Februar fristlos entlassen sei. Begründung: Er gehöre jetzt einer anderen Gewerkschaft an. Bis dahin war er in freigestellter Funktion gewesen. Er sollte aber auch nicht mehr als Lokomotivführer arbeiten. Der Leiter des Bahnbetriebswerkes sagte ihm, dass er keinen Lokomotivführer mehr brauche.

Das geschah an einem Vormittag und verbreitete sich wie ein Lauffeuer unter den Lokführern. Die versammelten sich auf dem Hof und fingen an zu diskutieren. Daraufhin wurde für den Nachmittag eine zweite BGL-Sitzung einberufen. Diesmal ging der Kollege Beck mit. Er verschaffte sich Zutritt, ergriff das Wort und rief: »Wenn der Resch am Montag entlassen wird, wird hier am Montag gestreikt!« Das Wort »Streik« war in der DDR ja tabu. Da bekamen sie heiße Ohren. Und dann sollte Resch plötzlich wieder Lokführer werden.

Erst mal durfte er aber in sein Büro zurück, unter Aufsicht seines Stellvertreters. Er musste sich von seinem Schreibtisch wegsetzen, und wenn der Stellvertreter auf die Toilette ging, musste Resch das Büro verlassen und sich auf den Gang vor die Tür stellen. Eine Mischung aus Comedy und Gefängnisfilm – typisch DDR. Genützt hat es nichts. Von den 600 Lokführern in Halle sind vier Fünftel in die GDL gegangen. Resch hat übrigens nie wieder als Lokführer gearbeitet. Er rief mich an und sagte mir, man hätte ihm seinen Spind und seine Arbeitsschuhe wiedergegeben. Ich sagte ihm: »Nimm die Schuhe und schmeiß sie durch die Fensterscheibe dieser Herrschaften!« Das hat er nicht gemacht, doch er wurde dann unser Mann für den Aufbau Ost. Geschäftsführer einer Gewerkschaft, die es zu dem Zeitpunkt nur als reine Willenserklärung gab.

Wo sind die Massen?

Die Ostkollegen fuhren durch die DDR zu den Bahnbetriebswerken und sprachen auf Betriebsversammlungen.
Meistens im alten Lada von Lothar Resch. Nach Güstrow,
Schwerin oder Görlitz – die waren fast nur unterwegs. Und
zwar in ihrer Freizeit, da sie bis auf Resch nicht freigestellt
waren.

Mittlerweile war auch die GdED aufgewacht und ver-
suchte, Mitglieder zu rekrutieren. Die hatte ein anderes
Modell, sie schluckte einfach die FDGB-Strukturen und
transformierte sie. Das warf aber das Problem auf, dass der
FDGB ein sehr schlechtes Image hatte und auseinanderfiel.
Bei den Lokführern war das anders, sie suchten etwas Neues
und fanden es bei uns. Die GdED tat ganz unschuldig und
nannte sich Anfangs nur GdE, ohne »D« für Deutschland.
Auf der informellen Ebene schickte man aber gleich ein paar
Experten als »Berater« zur Reichsbahn der DDR. Damals
waren noch die Präsidenten der Reichsbahndirektionen,
acht an der Zahl, in Amt und Würden, voll ausgestattet
mit Politabteilungen und Bezirksgewerkschaftsleitungen.
Die wollten von der GDL-Ost nichts wissen. Nach der
Gründungsversammlung schickten wir einen Brief an den
neuen Reichsbahn-Generaldirektor Herbert Keddi, um uns
als neuer Tarifpartner bemerkbar zu machen. Der brauchte
zwei Wochen, um uns zur Gründung zu gratulieren. Wahrscheinlich musste er erst bei der GdED eine Genehmigung
einholen.

Die GdED veröffentlichte auch Zeitschriften und Flug-
blätter, in denen die GDL als Spalter, Trittbettfahrer und
Rattenfänger beschimpft wurde. Es wurde behauptet, die
GDL sei eine Minigruppe, die hätte keine Chance. Nur

eine große Gewerkschaft könne die Dinge regeln. Das war die alte Tonnenideologie der DDR. Doch die Massen der Lokführer strömten in die GDL, täglich gab es zwischen 150 und 450 Neueintritte. Schnell hatten wir 10 000 Mitglieder. Das war wie eine Lawine – und die GDL-Ost hatte erst mal weder Büro noch Telefon.

Nadel im Heuhaufen

Ein solches Büro haben wir dann auch gesucht wie die Nadel im Heuhaufen. Resch, Beck und ich irrten durch Halle, bloß um einen Raum zu finden. Einer mit Telefonanschluss wäre wie ein Sechser im Lotto gewesen. Wir haben uns Räume angeschaut in verfallenen Mietskasernen, verlassenen Metzgereien und leeren Betrieben. Schließlich fanden wir Unterschlupf im »Haus des Lehrers«, im Zentrum von Halle.

Es standen nur ein Tisch und zwei Stühle drin. Ich sagte den Kollegen, kein Problem, das bauen wir aus. In Frankfurt stopften Fuhrmann und Kowalsky einen Lieferwagen mit Büromaterial voll und fuhren damit nach Halle. Die kamen um 22 Uhr an und räumten Kopierer, Schreibmaschine, Berge von Papier und weitere Büroutensilien in den Raum, der aus allen Nähten platzte. Anschließend hatte man gerade noch Platz zum Stehen. Nach Frankfurt wurde von meinem Zimmer im *Interhotel* aus telefoniert. Hierfür musste man sich extra verbinden lassen.

Doch diese Unbequemlichkeiten waren nicht so gravierend; schlimmer war die Aussicht, diesen Raum nur für einen Monat zur Verfügung zu haben. Kurz vor Monatsende ging ich zusammen mit der Direktorin vom »Haus des

Lehrers« essen, und sie meinte: »Gut, Sie bekommen einen weiteren Monat.«

Als der fast vorbei war, besuchten uns die Direktorin und Peter Renger von der CDU. Der wurde später Oberbürgermeister von Halle. Damals hatte er das gesamte Bildungssystem der Stadt unter sich. Er fragte Resch: »Sie möchten wohl Beamter werden?« Resch meinte: »Selbstverständlich.« Und Renger meinte: »Wissen Sie was? Beamte kann ich nicht leiden. Aber für Lokführer habe ich was übrig. Bleiben Sie mal in dem Büro.«

Schließlich erzählte ein Bekannter des Kollegen Beck, er habe gehört, es gebe in der Rudolf-Breitscheid-Straße ein Büro von einer Zuckerfabrik, die es aber nicht mehr haben wolle. Dort sind wir dann hingestürmt und haben es übernommen. Das waren sogar zwei Räume – mit Telefon!

Wo ist die Satzung?

Die neue Gewerkschaft arbeitete in der DDR praktisch in einem gesetzlosen Zustand. Das AGB, das Arbeitsgesetzbuch der DDR, gab es nicht mehr. Die neuen Gesetze, die gesamtdeutschen, waren noch nicht gültig. Und als sie kamen, wurden sie teilweise weder von den Arbeitgebern noch von den Arbeitnehmern verstanden.

Für den besseren Durchblick veröffentlichte die GDL-Ost das *Flügelrad* als Zeitung für die Mitglieder und für solche, die es werden wollten. Das Flügelrad ist das internationale Zeichen für die Eisenbahn, das Ostlogo war aber sinnigerweise nur ein halbes. Es fehlte ja noch die andere Hälfte Deutschlands. Dieses Organ wurde erstellt von der Presseabteilung der GDL-Zentrale in Frankfurt, in Abstimmung mit den Ostkollegen. Die sagten an, was sie drinstehen haben wollten. Auflage: 20 000. Die schleppte ich persönlich nach Halle, wo meine Sekretärin Dagmar Müssig und ich als Dauergäste beratend und unterstützend zur Seite standen. Wir brachten auch die Mitgliedsausweise als Rohlinge mit. Die wurden dann über die Ortsgruppen weitergeleitet.

In erster Linie aber brauchte die GDL-Ost natürlich Geld. Sie bekam zwar Spenden, aber noch keine regelmäßigen Mitgliedsbeiträge. Den Aufbau der GDL in der DDR haben wir finanziell unterstützt – mit Bargeld, versteckt unter Zeitungen im Auto, denn an der Grenze wurde noch kontrolliert.

Resch und ich gingen damit in Halle zur Sparkasse. In der DDR war die Staatsbank nur für die Konten der Betriebe vorgesehen, alle anderen mussten zur Sparkasse gehen. Wir hatten ganz offiziell einen Termin vereinbart, bei dem wir unseren Plan kundtaten, ein Konto für die GDL eröffnen zu wollen. Das ging aber nicht, denn wenn wir eine Gewerkschaft wären, hätten wir eine Satzung, wurde uns beschieden. Eine Satzung für die GDL-Ost gab es aber noch nicht.

Zum Glück kannte die Ehefrau von Resch die Leiterin der Sparkasse. Die vermittelte dann zwischen uns und dem Schalterbeamten. Aber nicht von jetzt auf gleich; nein, das dauerte ungefähr eine Woche. Dieser Zustand änderte sich durch die Währungs-, Wirtschafts- und Sozialunion zwischen der DDR und der Bundesrepublik, die am 1. Juli 1990 in Kraft trat. Am 3. und 4. Juli fand die erste offizielle Generalversammlung der GDL-Ost in Halle statt. 189 Delegierte beschlossen sogar eine Satzung. Und wählten natürlich einen offiziellen Vorstand mit Georg Beck an der Spitze. In seiner Rede sagte er: »Wir wissen, was gut ist. Nichts ist jedoch zu gut, um es nicht besser machen zu können.«

Rationalisierung Ost

In der DDR wurde die Bahn besser genutzt als in der Bundesrepublik. Nicht nur für achtzig Prozent des Güterverkehrs, auch der Personenverkehr war sehr beliebt. 1988 wurden 599,7 Millionen Passagiere gezählt, in der Bundesrepublik waren es eine Milliarde, allerdings bei einer mehr als dreimal so großen Bevölkerung.

Wie vieles in der DDR, so war auch das Schienennetz der Reichsbahn in einem verbesserungsbedürftigen Zustand. Nur 24,7 Prozent waren elektrifiziert (Bundesbahn: 44 Prozent); in strengen Wintern, wenn die Stromversorgung zusammenfiel, wurde noch auf allen Strecken mit Dampf gefahren. Es gab viele Verspätungen, die Signale waren veraltet, und es musste sehr viel repariert werden. In den Achtzigerjahren waren alte Schwellen durch neue Betonschwellen ersetzt worden, die aufgrund einer fehlerhaften Betonmischung nicht die dreißig bis vierzig Jahre hielten, die man sich davon versprochen hatte, sondern schon nach drei bis vier Jahren kaputtgingen.

Anfang 1990 hatte die Reichsbahn 252 821 Mitarbeiter. Es war klar, dass Personal abgebaut werden würde. Als Erstes ging der Güterverkehr zurück. Der Westen kam auf Lastwagen in die DDR. Dann wurden langsam die Verbindungen von Dorf zu Dorf eingeschränkt. Die Reichsbahn begann, die 50-jährigen Mitarbeiter zu entlassen. Sie bekamen Vorruhestandsregelungen oder Abfindungen angeboten.

Damals schienen 20 000 DM manchem sehr verlockend. Davon konnte man sich ein neues Auto kaufen. Aber was soll man damit, wenn man keine Arbeit mehr findet? Die Kollegen, die das annahmen, wussten oft auch nicht, dass damit eine Sperrfrist für das Arbeitslosengeld verbunden war und dass diese Summe auch einmal rentenwirksam angerechnet wird. Deshalb hat die GDL-Ost ihren Mitgliedern auch nicht dazu geraten, sich so ihre Arbeitsplätze abkaufen zu lassen. Wir haben ihnen gesagt: »Was die Zukunft bringt, wissen wir nicht. Doch wir können euch nur warnen: Nehmt das nicht an.«

Der erste Streik

Die GDL kämpfte für die Angleichung der Lebens- und Arbeitsverhältnisse in Ost und West. Wir forderten, dass auch die Kollegen der Reichsbahn Berufsbeamte werden sollten, was wir aber nicht durchsetzen konnten. Sie wurden sofort Arbeitnehmer. Politisch war das aber ein Vorteil, denn im Unterschied zu Beamten dürfen Arbeitnehmer streiken. Das brachte einen neuen kämpferischen Zug in die GDL.

Bis dato hatten wir stets als Lobbyisten der Lokführer auf den Gesetzgeber eingewirkt, in Tarifauseinandersetzungen nur symbolisch Solidaritätsbekundungen formuliert. Wenn die GdED mal gestreikt hat, sind wir selbstredend nicht als Streikbrecher aufgetreten (auch wenn die meist dort stattfanden, wo kein Verkehr war). So kam es, dass die GDL-Ost nach der Einführung der Währungsunion Anfang Juli 1990 Warnstreiks durchführte, da der neue Lohn in D-Mark ab Juli entgegen allen Versprechungen nicht im Verhältnis eins zu eins, sondern zwei zu eins ausgezahlt werden sollte, was einer Halbierung gleichgekommen wäre. Ein solcher Streik, bei dem sich nichts mehr bewegte, war in der DDR etwas ganz Neues. In einem angeblichen Arbeiterstaat streikt man nicht, da würden sich die Arbeiter ja selbst bestreiken, mal ganz theoretisch betrachtet.

Diese Warnstreiks an Verkehrsknotenpunkten waren sehr erfolgreich. Rasch kam es zu Nachverhandlungen mit der Generaldirektion der Reichsbahn, bei denen diese dann zusicherte, eins zu eins zu zahlen. Außerdem erkannte sie die GDL als Tarifpartner an. Im November kam es zu Tarifgesprächen, bei denen die Einführung der 40-Stunden-Woche für die Reichsbahn ab dem 1. April 1991 vereinbart wurde. Ein echter Aprilscherz war hingegen die verabredete Angleichung der Gehälter. Das gleiche Geld für gleiche Arbeit gab es erst 2006. Ich habe meinen Kollegen aus dem Osten immer scherzhaft gesagt: »Jungs, dafür müsst ihr doch Verständnis haben. Im Osten geht die Sonne auf, deshalb habt ihr weniger Nachtstunden als wir.«

Die Vereinigung

GDL-Ost und GDL-West vereinigten sich am 29. Januar 1991 in Kassel zur gesamtdeutschen Gewerkschaft. Das war die erste außerordentliche Generalversammlung nach dem Krieg. Zu diesem Zeitpunkt waren 90 Prozent von den 18 000 Lokführern auf dem Gebiet der früheren DDR in der GDL organisiert.

Kassel war als Ort gewählt worden, weil die Stadt nicht mehr im Zonenrandgebiet, sondern auf einmal in der Mitte Deutschlands lag. Bemerkenswert ist auch, dass Kassel erst im Mai 1990 eine direkte Bahnverbindung mit der für die GDL wichtigen Stadt Halle bekam. Diese war 45 Jahre unterbrochen gewesen.

In Kassel war der Tenor: »Wir sind wieder da, wir sind wieder eins, wir sind nicht nur Berufskollegen, sondern auch Deutsche.« Die Nationalhymne wurde nicht gesungen. Vermutlich hätten die Ostkollegen auch noch nicht den Text gekonnt. Auf jeden Fall war die GDL schneller als Bundesbahn und Reichsbahn. Die fuhren damals immer noch getrennt. Das erste gemeinsame Kursbuch seit vier Jahrzehnten trat am 2. Juni 1991 in Kraft.

Ich wurde Bundesvorsitzender der vereinigten GDL. Georg Beck wurde zum Stellvertreter gewählt und musste daraufhin von Halle nach Frankfurt umziehen. Fuhrmann und Kowalsky blieben ebenfalls Stellvertreter und Resch Geschäftsführer für den Osten.

Um diese Entwicklung auch anschaulich zu machen, erschien der *Voraus*, das Organ der GDL, ab Februar 1991 mit neuem Format und Layout. War es vorher eine Zeitung gewesen, so wurde es nun zum Magazin. Damit hielt dann auch das neue Logo Einzug ins Heft – bis dahin war immer noch die alte Dampflok im Titel der Zeitung dem Betrachter entgegengetutet. Wer nun das neue Magazin las, fühlte sich gleich viel moderner.

Der zweite Streik

Im März 1991 schloss die ÖTV, die Gewerkschaft, die beim DGB für den öffentlichen Dienst zuständig war, mit den Arbeitgebern von Bund, Ländern und Kommunen einen Tarifvertrag für den Osten ab. Von Juli an sollten 60 Prozent der für vergleichbare Tätigkeiten im Westen gezahlten Löhne gezahlt werden. Rein formal betrachtet, war das eine Einkommenserhöhung. Gleichzeitig sollten aber die Dienstzeiten vor dem 1. Juli 1991 unter den Tisch fallen, egal ob es sich dabei um zwei oder um zwanzig Jahre handelte. Die ostdeutschen Beschäftigten sollten so behandelt werden, als wären sie Berufsanfänger – als wäre ihre berufliche Erfahrung in der DDR in einem schwarzen Loch verschwunden. Jemand, der vielleicht gerade sein 25-jähriges Dienstjubiläum gefeiert hatte, sollte wieder bei null beginnen. Dieser Tarifabschluss sollte auch für die Lokführer der Reichsbahn gelten.

Vonseiten der GdED gab es dagegen keine Einwände, nur von der GDL. Wir fanden diesen Tarifvertrag unerträglich. In Halle gab es eine Konferenz mit 94 Bezirks- und Ortsgruppenvorsitzenden. Die votierten einstimmig für einen Warnstreik. Der wurde gleich einen Tag später, am 5. Juli, durchgeführt und ging von sechs bis acht Uhr morgens. Der gesamte Güterverkehr der Reichsbahn stand still, ebenso 640 Reisezüge und 204 S-Bahnen. Davon waren 240 000 Fahrgäste betroffen. Dieser Warnstreik brachte die GDL zum ersten Mal verstärkt in die Medien.

Gelöst wurde der Tarifkonflikt aber politisch. Am 12. Juli fanden in Berlin die letzten Tarifgespräche mit der Reichsbahn statt. Am Vorabend hatte es in Königswinter eine Besprechung mit dem Staatssekretär im Innenministerium, Franz Kroppenstedt, gegeben. Teilnehmer waren der DBB-Vorsitzende Werner Hagedorn, mein Stellvertreter Heinz Fuhrmann und ich. Wir überzeugten Kroppenstedt davon, dass diese Regelung von den Lokführern der Reichsbahn als Demütigung empfunden und die GDL dagegen streiken würde. Kroppenstedt hat uns gesagt: »Sie haben recht, das können wir so nicht machen.« Das war also geklärt.

Am nächsten Morgen flog ich zu Tarifverhandlungen nach Berlin. Draußen standen Kamerateams und Journalisten. Die fragten mich: »Herr Schell, geht es jetzt los?« – »Ich glaube nicht, aber wir müssen abwarten, was rauskommt.« Drinnen empfing mich die komplette Arbeitgeberrunde und fragte erwartungsvoll: »Liebe GDL, haben wir es bald?« Ich antwortete: »Ach, Sie wissen es noch nicht? Na gut, dann müssen wir uns noch ein bisschen übers Wetter unterhalten oder über Fußball oder sonst was. Aber wir kommen zum Thema zurück!« Und zwanzig Minuten später kam die Sekretärin und brachte dieser Runde ein Fax aus dem Innenministerium. Damit war die Sache gegessen. Das war nicht nur ein Erfolg für die Lokführer, die Reichsbahner, sondern für alle Beschäftigten des öffentlichen Dienstes in der ehemaligen DDR.

Kapitel V: Die neue Ostpolitik
Für Sachsen-Anhalt im Bundestag

Aachen ist die westlichste Stadt Deutschlands. Wenn man mit den Lebensumständen der Menschen im Osten nicht persönlich konfrontiert wurde, blieben einem nur die medialen Informationen. Schon als Jugendlicher empfand ich die Präambel des Grundgesetzes, die »Einheit und Freiheit Deutschlands zu vollenden«, als besonders erstrebenswert.

Der Ostpolitik der CDU stand ich immer näher als der Ostpolitik der SPD. Deren Politik erschien mir nicht stringent und gegenüber den Regierungen in Ostberlin und Moskau als zu nachgiebig.

Im Nachkriegs-Aachen war die CDU zwei Jahrzehnte lang die stärkste Kraft. Auch Karl Arnold, der erste gewählte Ministerpräsident von Nordrhein-Westfalen, gehörte der CDU an. Die großen Städte im Ruhrgebiet wurden dagegen mehrheitlich von der SPD regiert. Ab 1966 regierte die SPD auch das Bundesland, ziemlich unangefochten bis 2005, als mit Jürgen Rüttgers erstmals wieder ein Christdemokrat die Wahlen für sich entscheiden konnte. NRW hatte schwere Zeiten durchzustehen; das Ende der Ära der Montanindustrie, insbesondere der Steinkohlebergbau, kostete Zigtausende von Arbeitsplätzen. Doch der Satz »Wer NRW gewinnt, gewinnt auch die Bundestagswahl« gilt weiterhin.

Bei den Feigenblatt-Sozialisten

Es ist wohl klar, dass ich als Lokführer nicht in die Mittelstandsvereinigung der CDU eingetreten bin, sondern in die CDA, die Christlich-Demokratische Arbeitnehmerschaft, auch »CDU-Sozialausschüsse« genannt. Zugegeben, sie ist nicht die stärkste Gruppierung innerhalb der CDU, aber sie kümmert sich um die Belange der kleinen Leute, gemäß der katholischen Soziallehre. Von der SPD wurden die CDAler immer als »Feigenblatt-Sozialisten« bezeichnet, ähnlich wie die CDU die Unternehmer in der SPD, die »Arbeitsgemeinschaft Selbständige« gern belächelt hat. Außer von Philip Rosenthal, dem großen Vorzeigeunternehmer in der Ära Willy Brandt, habe ich von denen noch nichts gehört. Rosenthal ließ für seine Porzellanarbeiter einen Teich mit Flamingos anlegen und beteiligte sie an seinem Betrieb in Selb/Oberfranken. Irgendwann wurde das aber alles zu teuer.

Als ich in die CDA 1972 eintrat, war sie stärker als heute. Ihr Vorsitzender war damals der ehemalige Bundesarbeitsminister Hans Katzer und dann von 1977 bis 1987 Norbert Blüm. Der war Sohn eines Kfz-Schlossers und einer Busfahrerin und hatte bei Opel in Rüsselsheim eine Lehre absolviert. Der wusste, was Arbeiter sind. Franz Josef Strauß verspottete ihn als »Herz-Jesu-Marxisten«.

In der Anfangsphase der Kohl-Regierung (der Blüm als einziger Minister bis zum Schluss 1998 angehörte) war die CDA noch relativ einflussreich. Damals war Heiner Geißler Generalsekretär der Partei. Er kam ebenfalls von der CDA. Rückblickend kann man sagen, dass Kohl als Kanzler eine sozial sehr ausgewogene Politik betrieben hat. Mit den Kürzungen der Sozialleistungen und der Schaffung von

»Hartz IV« hat dann ja die SPD begonnen. Kohl hat auch die CDU sozial austariert. Nach seinem Abgang wurde das vernachlässigt; es dominierten Marktwirtschaftler.

Wo sind die Bataillone?

Die Aachener CDU wurde schon immer von der Mittelstandsvereinigung beherrscht. Das waren die Kaufleute, die das Sagen hatten. Ich bin also zur CDA gegangen, die etwas kläglich organisiert war. Arbeitnehmerthemen zu diskutieren ist das eine, aber auf der anderen Seite fragt man sich ja immer, welche Gestaltungsmöglichkeiten bestehen. Was kann man von dem, was man theoretisch anstrebt, in der Praxis umsetzen? Und in dieser Hinsicht war in Aachen nicht viel los.

Die für das Ruhrgebiet typische ökonomische Krise ist an Aachen vorbeigegangen. Die Stadt hat Glück gehabt – als die Tuch- und Nadelindustrie kaputtging, geschah das zu einer Zeit, als es mit der Wirtschaft noch aufwärtsging, da war der Umwandlungsprozess leichter zu vollziehen. Das begann Ende der Fünfzigerjahre. Die Technische Hochschule mit ihren vielen Instituten hat dazu beigetragen, eine technisch innovative Standortpolitik zu betreiben, was dazu führte, dass sich neue Industriezweige ansiedelten. Aus diesem Grund hat die Region Aachen in Sachen Arbeitslosenquote nie zu den Spitzenreitern gezählt.

Natürlich konnte man in der CDU sagen, was man denkt. Nur bleibt die Frage, wo bist du besser in der Lage, deine Interessen durchzusetzen: in der Gewerkschaft oder in der Partei? Wer politische Ziele durchsetzen will, braucht Bataillone, die einen bei dem Prozess unterstützen, denn

Politik lässt sich ohne Mehrheit nicht realisieren. Entweder hast du die Mehrheit, oder du musst sie gewinnen. Und die Mittelstandvereinigung der CDU für Arbeitnehmerfragen zu begeistern war äußerst schwierig. Die Durchsetzung von Arbeitgeberinteressen muss ja meistens von den Arbeitnehmern bezahlt werden. Ob der Arbeitnehmer nun dem Einzelhandel entspringt oder der Industrie – es ist immer so: Wenn Verteilungsspielräume geändert werden, muss das von der einen Seite bezahlt werden, oder es finden auf der anderen Seite Kürzungen statt.

Forderungen aufzustellen geht einfacher, wenn man in der Opposition sitzt. Da weiß man auch immer, wo die lieben Wähler und Wählerinnen der Schuh drückt. Um Wahlen zu entscheiden, überbieten sich die Parteien oftmals im Verkünden von Wahlversprechen. Die Rechnung jedoch wird dem Wahlbürger immer erst nach der Stimmabgabe präsentiert. Was noch als Oppositionspartei versprochen wurde, gerät als Regierungspartei allzu leicht in Vergessenheit. Wer hätte vor den Bundestagswahlen jemals den Wahlbürgern die Hartz-Gesetze und ihre Auswirkungen erläutert?

Zwischen CDU und DGB

Als die CDA nach dem Krieg gegründet wurde, stützte sie sich überwiegend auf die christliche Soziallehre. Die ist bis zum heutigen Tag aktuell geblieben. Damit lässt sich eine soziale ausgewogene Arbeitnehmerpolitik betreiben. Auch dafür braucht die CDA wieder die Bataillone, und wenn sie die nicht hat: Pustekuchen. Dann bestimmen diejenigen, die den Standpunkt vertreten, der Markt würde sich selbst regulieren.

Die christliche Soziallehre wurde auch von den christlichen Gewerkschaften vertreten. Doch entgegen ihren Erwartungen wurden sie weder von Konrad Adenauer noch von der CDU unterstützt, die nicht daran interessiert waren, die Einheitsgewerkschaft infrage zu stellen. Damit war der weitere Leidensweg der christlichen Gewerkschaftsbewegung vorgezeichnet. Heute spielen sie keine Rolle mehr, abgesehen von dubiosen Tarifverträgen, die sie mit Zeitarbeitsfirmen abschließen – sie hängen damit ausgewiesenen Ausbeutern das Mäntelchen der Legitimität um, bloß weil sie dankbar sind, wenn überhaupt noch jemand sie wahrnimmt.

Gegenüber den DGB-Gewerkschaften macht die CDU gute Miene zum oftmals – für sie – bösen Spiel. Offiziell verfährt sie so, als wären der DGB und seine Mitgliedsgewerkschaften tatsächlich, wie in ihren Satzungen behauptet, parteipolitisch unabhängig. Doch jeder weiß, dass die Politik des DGB stark sozialdemokratisch ausgerichtet ist. Vor jeder Wahl gibt der DGB sogenannte Wahlprüfsteine heraus, die sind so tendenziell SPD, dass sie gar nicht tendenzieller sein könnten.

Wir von der GDL haben so etwas für unsere Mitglieder noch nie gemacht. Wir haben immer gesagt: Die Mitglieder der GDL sind intelligent genug, sodass sie ihre Wahlentscheidung völlig unbeeinflusst von der GDL treffen können.

Aber natürlich sind die CDA-Mitglieder fast alle in den DGB-Gewerkschaften organisiert. Und man muss leider feststellen, dass die Politik, die von diesen CDAlern vertreten wird, oft eher DGB-affin als CDU-affin ist. Das ist auch kein Wunder. Am liebsten sind dem DGB diejenigen CDU-Leute, die die CDU am meisten kritisieren. Dann finden sie auch öffentliche Resonanz. Ansonsten hört man selten etwas von ihnen. Nur wer mit der CDU abrechnet, findet auch Gehör im DGB.

Das ist auch politbiografisch nachvollziehbar: Für einen Arbeitnehmer in einem Betrieb, in dem der DGB das Sagen hat, ist es nicht so einfach, sich als CDU- oder CDA-Mann zu erkennen zu geben. Dann muss man doppelt so viel argumentieren, denn man ist halt nicht das geliebte Kind des Betriebsrats mit einer DGB-Mehrheit. Vielleicht ist man ja aus politischer Überzeugung in der CDU, aber diese dann auch nach außen zu vertreten ist schon wieder eine andere Sache. Toleriert wird, wenn jemand das Mitgliedsbuch einer DGB-Gewerkschaft hat, CDAler ist und sich parteipolitisch ruhig verhält.

Wo sind die Altvorderen?

Ich bin kein Gegner des DGB. Zweifelsohne wäre die Gewerkschaftsbewegung in Deutschland nie so weit gekommen, wenn es keine Einheitsgewerkschaft gegeben hätte. Was der DGB bewegt hat, war nicht zum Nachteil der deutschen Volkswirtschaft. Ich habe großen Respekt vor Gewerkschaftsführern, die für ihre Mitglieder etwas erreicht haben, weil sie keinen Streit gescheut haben. Ich denke hier an den dicken Heinz Kluncker von der ÖTV, der 1974 gegen den erklärten Willen des damaligen SPD-Kanzlers Willy Brandt mit dem Streik der Müllmänner elf Prozent Lohnerhöhung herausgeholt hat. Gegen den Beamtenbund hatte er Sprüche drauf wie: »Wir müssen das Berufsbeamtentum aushöhlen, bis wir die Schale nur noch wegzuschmeißen brauchen.« Oder der IG-Metall-Chef Otto Brenner, der den »konfliktpartnerschaftlichen Kurs«

entwickelt und sich große Verdienste um die Mitbestimmung in der Bundesrepublik erworben hat. Man muss auch sehen, dass es keinen CDUler in maßgeblicher Funktion im DGB-Vorstand gegeben hat. Mehr als ein »Herz-Jesu-Marxist« mit Stellvertreterjob ist eben nicht drin.

1. Mai: Zu Hause bleiben!

Wenn man als CDAler Mitglied in einer DGB-Gewerkschaft ist, sollte man am 1. Mai zu einer DGB-Veranstaltung gehen. Man muss dort aber nicht unbedingt aufkreuzen, um sich etwas anzuhören, das nicht selten weit von der eigenen Meinung entfernt ist. Die Reden, die einen an diesem Tag erwarten, haben meist den gleichen Tenor: Sind die Schwarzen an der Regierung, ist die Bundesregierung an allem schuld. Sind die Roten an der Regierung, sind meistens die Arbeitgeber die Schuldigen. Und dann wird den Leuten noch erzählt, die Roten machen auch nicht alles richtig, aber wehe, wenn die Schwarzen dran wären, dann wäre alles noch schlimmer. Das ist das klassische Ritual, das bei solchen Mai-Kundgebungen regelmäßig abgespult wird. Die Teilnahme ist freiwillig, die GDL hat ihren Mitgliedern weder die Teilnahme noch das Fernbleiben empfohlen. Sofern sie nicht arbeiten müssen, sitzen ihre Mitglieder am 1. Mai zu Hause im Kreis ihrer Familie.

Da es sich bei den GDL-Mitgliedern traditionell um Beamte handelte, war die Nähe zur Sozialdemokratie nicht so ausgeprägt wie im klassischen Arbeitnehmerbereich. Wenn es hoch kommt, dann habe ich mir in meinem Leben zwei solcher 1.-Mai-Veranstaltungen angehört. Es hat sich nicht gelohnt.

Das merken auch die DGB-Funktionäre. Die Teilneh-
merzahlen dieser Veranstaltungen gehen kontinuierlich
zurück, was auch mit der hohen Arbeitslosigkeit zu tun
hat. In den Fünfzigerjahren waren das noch riesige Massen-
veranstaltungen, so imposant, dass sich sogar der DGB
über seinen Einfluss täuschte. 1957 erlitt er seine erste große
Niederlage, als er die Arbeitnehmer aufforderte, eine bessere Regierung zu wählen als die von Konrad Adenauer. Es
wurde dann die einzige Bundestagswahl, bei der die CDU
die absolute Mehrheit erhielt.

Rasanter Osten

Nach der Zerstörung der alten gesamtdeutschen GDL durch
die Nazis 1937 wollten wir 1990 wieder eine schlagkräftige
Gewerkschaft für alle deutschen Lokführer aufbauen. Es
galt, viel Arbeit zu verrichten. Und so habe ich logischerweise dann auch die DDR kennengelernt, wo ich mich in
diesem Jahr weitaus mehr aufgehalten habe als an meinem
Arbeitsplatz in der GDL-Zentrale in Frankfurt am Main.

Die GDL der DDR wurde am 24. Januar 1990 in Halle
gegründet. Dann kam die erste freie Volkskammerwahl am
18. März 1990, am 6. Mai folgten die Kommunalwahlen.
Dann ging es am 1. Juli weiter mit der Wirtschafts-, Wäh-
rungs- und Sozialunion beider deutschen Staaten. Am 3. Juli
fand die Generalversammlung der GDL-Ost in der DDR
statt.

Und dann kam die Kandidatenaufstellung der CDU für
die Bundestagswahl am 15. September in Dessau. Ich fuhr
dort hin. Für den Wahlkreis Halle-Altstadt gab es zwei Be-
werber: zum einen Dr. Hans-Georg Dorendorf, der bereits

Mitglied der Volkskammer war, und zum anderen eben den Schell.

Dr. Dorendorf hat es nicht gerade mit Freude aufgenommen, dass er einen Gegenkandidaten hatte. Im ersten Wahlgang gab es keine Mehrheit, im zweiten bin ich dann gewählt worden – mit ausreichender Mehrheit. Dr. Dorendorf hat sich anschließend in den Zeitungen in Halle darüber beklagt, dass viel zu wenig Mitglieder bei den Wahlen anwesend gewesen seien. Ich war nun Direktkandidat der CDU für Halle-Altstadt. Aus dem Westen mitten in den Osten. Über die Landesliste war ich nicht abgesichert. Die wurde von anderen Gremien bestimmt und von Jürgen Wohlrabe angeführt, einem langjährigen Westberliner Mitglied des Bundestages. Wir beide waren die einzigen Westler, die für die CDU in Sachsen-Anhalt antraten.

Wer – wen?

Der Schell wurde nicht gefragt, ob er kandidieren wollte. Ich habe mich einfach um dieses Mandat beworben. Denn auch im postsozialistischen Osten galt die alte Frage Lenins: »Wer – wen?«

Durch die Aufbauarbeit für die GDL hatte ich auch mit dem neuen Oberbürgermeister von Halle Kontakt: Peter Renger von der CDU. Wir wendeten uns an ihn, damit er uns unterstützte. Das war ganz prosaisch, denn erst mal suchten wir ja ein Büro mit Telefonanschluss. Logischerweise ist dann auch nicht nur über die große Politik geredet worden, sondern auch über Parteipolitik. Und dann habe ich irgendwann zu Renger gesagt: »Was ist denn jetzt? Das Einzige, was den Bürger ärgert, ist die Tatsache, dass es egal ist, ob er heute zu Ihnen kommt oder früher zum Rat der Stadt gegangen ist; er trifft in den Büros und Abteilungen immer noch dieselben Menschen, mit denen er in der Vergangenheit überwiegend schlechte Erfahrungen gemacht hat.« »Ja«, hat er daraufhin gesagt, »das stimmt. Ich könnte die auch alle rausschmeißen. Aber ich weiß nicht, wen ich anschließend da hinsetzen soll. Ein wenig Ahnung vom Geschäft muss ja auch noch vorhanden sein.«

Das war nicht zu bestreiten, dieses klassische Problem revolutionärer Umbrüche, die Frage der Bürokraten auf den Ämtern, in den Apparaten. Und deshalb habe ich ihm gesagt: »Mich würde es interessieren, Politik zu machen, gerade in den neuen Bundesländern.« Und ich kannte ja Kohl und Blüm und noch viele andere. Auch wenn sich das pathetisch anhören mag: Ich wollte meinen Beitrag zum Aufbau Ost leisten. Deshalb habe ich kandidiert.

Ausland im Inland

Anders als viele aus dem Westen, auch solche mit SPD-Parteibuch, habe ich die DDR nie als Ausland begriffen. Das war für mich der andere Teil von Deutschland. Der gehörte dazu, aber man kam nicht richtig ran, geschweige denn rein. Als ich endlich da war und mich frei bewegen konnte, war alles anders, als ich erwartet hatte.

Halle machte 1990 einen sehr maroden Eindruck. Zum Teil waren ganze Straßenzüge wegen Baufälligkeit gesperrt. Es gab Häuser, von denen war nur noch das Parterre bewohnbar und die oberen Etagen schon geräumt: Betreten verboten. Lebensgefahr!

Das Bahn-Ausbesserungswerk »Ernst Thälmann« in Halle

war eine andere Welt. Nicht die Menschen waren anders als im Westen, sondern die Maschinen und Materialien, mit denen sie arbeiten mussten. Alte Dampflokkessel dienten als Heizung. Wasser wurde mit einer Maschine gepumpt, die aus dem Jahre 1932 stammte – deutsche Wertarbeit.

Wer aus dem Westen kam, der wurde schnell erkannt. Man ist geprägt von dort, wo man groß geworden ist. Mit allen Klischees hüben wie drüben. Für viele Wessis war klar, dass man im Osten nur Sächsisch redete. Dass man aber in Mecklenburg-Vorpommern ein besseres Hochdeutsch gewohnt ist als zum Beispiel in Köln oder Aachen, das konnte keiner glauben.

Ich erinnere mich auch noch daran, wie ich mit dem Kollegen Resch in Halle den Markt besuchte und die ersten Händler aus dem Westen ankamen. Die betraten den Markt mit gewaschenen Möhren. So etwas hatte es dort nie gegeben. Und dann hat Resch mich gefragt: »Konnten unsere Händler das nicht?«

Die Menschen ernährten sich anders als im Westen. Die Soljanka wurde ein Lieblingsessen von mir, kurioserweise findet man sie heute kaum noch in den Restaurants im Osten. Ich musste auch begreifen, dass ein Jägerschnitzel etwas anderes als ein Schnitzel darstellt, nämlich eine gebratene Scheibe Wurst. Aber es hat geschmeckt. Schlimm fand ich nur Messer und Gabel aus Aluminium. Das ist, finde ich, nicht gerade ein mundgerechtes Material. Ob nun aber der Kaffee schmeckt oder nicht, ist nebensächlich. Kaffee ist für mich keine Weltanschauung. Da war die Frage, ob abends nach Feierabend das Wernesgrüner geschmeckt hat oder nicht, wichtiger. Und es hat gut geschmeckt.

Die noch nicht blühenden Landschaften

In erster Linie hatten die Menschen Sorgen um den Erhalt ihres Arbeitsplatzes. Als ich die Halloren-Fabrik betrat – ich befand mich noch nicht ganz im Eingang –, habe ich gedacht: O Gott, wenn hier die Gewerbeaufsicht hinkommt, ist die Firma noch schneller zu, als sie es aus ökonomischen Gründen befürchtet.

Die Pralinenkugeln kamen noch in alte Holzkisten, aus denen Holzspäne hervorstanden, und aus rostigen Rohren tropfte Heizungswasser. Nun kann man den Leuten nicht erzählen, dass bei ihnen alles hinüber ist, aber man kann ihnen sagen, dass es so nicht weitergeht.

Und die Menschen wollten es auch anders haben. Helmut Kohl galt ihnen als der größte politische Hoffnungsträger. Auch wenn heute alle darüber lachen – sein berühmtes Zitat, dass es keinem schlechter gehen sollte und bald blühende Landschaften zu erwarten seien –, damals haben ich und auch viele andere geglaubt, dass dieser Prozess weitaus leichter und schneller zu bewerkstelligen wäre. Das war keine Propaganda, die den Menschen etwas vorgaukeln wollte, nach dem Motto: Wird schon alles, und zwar wie von Zauberhand. Nein, wir haben das tatsächlich gedacht.

Viele Politiker aus dem Westen galten zu dieser Zeit im Osten als Garanten des Aufschwungs. Einer, der damals anders gesprochen hat, war Oskar Lafontaine, das macht er heute ja immer noch, aber es wirkt anders als damals.

Das, was als Erstes blühte, war der Handel mit Westwaren. Ostprodukte wurden kaum noch gekauft. Es kam die große Westflut, ob das nun Nahrungsmittel, Möbel oder Kleidungsstücke betraf, von den Autos ganz abgesehen. Ich habe mal in einer Statistik gelesen, dass für jedes Auto, das sich die Menschen aus dem Osten im Westen kauften, im Osten drei Arbeitsplätze vernichtet wurden. Ob die Statistik stimmte, kann ich nicht beurteilen.

Christdemokraten ohne Christen

In Halle verfügte die CDU über eine große Anhängerschaft. Aber anders als im Westen war sie eine christliche Partei praktisch ohne Christen, die meisten ihrer Mitglieder gehörten nicht mehr der Kirche an. Das »C« in CDU hat also keine Rolle gespielt. Im Vordergrund standen die Weltpolitik, die Politik der Bundesrepublik und der Wirtschaftsaufschwung. Erst mal in den Westen gucken, denen geht es doch so gut!, lautete die Devise. Einig war man sich in der Ablehnung der SED, denn den wirtschaftlichen Untergang der DDR hat jeder gespürt.

In meinem Wahlkampf verteilte ich Flugblätter, auf denen stand, dass die CDU »ein zweites Wirtschaftswunder für ganz Deutschland« schaffen könnte. Gut fand ich den Slogan: »Die deutsche Einheit ist das beste Friedens- und Abrüstungsprogramm.« Den hatte ich mir nicht ausgedacht, der wurde vom Konrad-Adenauer-Haus in Bonn vorgegeben. Das war aber auch schon alles an Wahlkampfunterstützung. Kurz vor dem Wahltermin hatte die CDU noch zwei Studentinnen verpflichtet, die schauten nach, wie es vor Ort so lief, und schrieben Berichte an die CDU-Zentrale. Das schien mir eher ein Abhaken zu sein und bedeutete nicht wirklich Hilfe. Was ich nicht selbst erledigt habe, das wurde auch nicht erledigt.

Zur Verstärkung heuerte ich Kollegen von der frisch gegründeten örtlichen GDL an. Die klebten für mich die Plakate. Heruntergerissen wurde so gut wie nichts. Nur müssen meine Hilfskräfte, die die Plakate geklebt haben, mit dem Leim gespart haben. Ich habe an nichts mehr geglaubt, als 50 Prozent meiner Plakate nach dem ersten Regenschauer von der Presspappe gerutscht sind.

In der Genscher-Stadt

Der Wahlkampf dauerte zwei Monate, ich wanderte durch die Betriebe, Kindergärten und Altenheime. Mein Wahlkampf-Hauptquartier waren mein Hotelzimmer und das Büro der GDL. Meistens blieb ich die Woche über vor Ort und fuhr freitags nach Frankfurt zurück, wo sich die Arbeit staute. Das war eine ziemlich stressige Zeit.

Für den Wahlkampf schickte die CDU Luftballons, Kugelschreiber und Plakate. Ich organisierte ein Konzert mit Kammerorchester und konnte aufgrund meiner Verbindungen zum Schluss noch Norbert Blüm dazu bewegen, mit mir einen Wahlkampfauftritt in Halle zu absolvieren. Ansonsten hat sich die CDU zurückgehalten, denn Halle war die Stadt Hans-Dietrich Genschers. Der ist dort geboren und kam als strahlender Sieger der Geschichte zurück – und entfachte einen wahren Genscher-Boom. Sämtliche Staatsmänner, sämtliche Außenminister dieser Welt haben Halle einen Besuch abgestattet. Genscher war Ehrenmitglied im Halleschen Fußballclub, dem HFC, bei der Feuerwehr, und er hat sich große Verdienste um die Franckeschen Stiftungen erworben – er war eigentlich überall. Er hat seine Bücher vorgestellt und seinen Geburtstag in Halle mit großem Aufgebot gefeiert. Und allen erzählt er, dass man FDP wählen müsse, damit er Außenminister bleiben könne. Das lief wie das berühmte Hase-und-Igel-Spiel.

Hans-Dietrich Genschers Mann in Halle hieß Uwe Lühr. Er wurde 1991 Generalsekretär der FDP. Aber zunächst holte er das erste Direktmandat der FDP seit 1961. Er erhielt 34,62 Prozent der Erststimmen, während ich 23,37 bekam. Damit war ich Zweiter und nicht im Bundestag vertreten.

Möchten Sie übernehmen?

Außer Halle-Altstadt konnte die CDU in Sachsen-Anhalt alle Wahlkreise gewinnen, so auch Naumburg-Zeitz. Doch der dortige CDU-Abgeordnete Schreiber stolperte ebenso über seine Vergangenheit wie in Halle Oberbürgermeister Renger. Herr Schreiber stellte schließlich 1993 sein Amt zur Verfügung. Daraufhin trat die CDU Sachsen-Anhalt an mich heran und fragte, ob ich den Wahlkreis nicht übernehmen wolle, als Nachrücker auf der Landesliste. Dazu habe ich mich dann bereit erklärt. Obwohl ich bis dato noch nie in Naumburg gewesen war. Bis mich der neue Ministerpräsident Werner Münch im Oktober dort vorstellte.

Münch hatte 1991 das Amt von Gerd Gies übernommen, der ebenfalls wegen einer Stasi-Affäre zurücktreten musste. Aber nicht weil er eine IM-Tätigkeit verschwiegen hätte, im Gegenteil, ihm wurde vorgeworfen, sein Wissen um frühere IM-Tätigkeiten von CDU-Abgeordneten missbraucht zu haben. Und kaum hatte er mich vorgestellt, musste auch Münch das Handtuch werfen. Nicht wegen Stasi-, sondern wegen Bereicherungsvorwürfen. Weil er aus dem Westen kam, wurde behauptet, er wollte genauso viel Geld wie im

Westen verdienen. Später stellte sich heraus, dass an diesen Vorwürfen nichts dran war.

Zu diesem Zeitpunkt war schon allen klar, dass es mit den von Helmut Kohl versprochenen »blühenden Landschaften« noch eine Weile dauern würde. Das erzählte ich auch den Naumburgern – verbunden mit der Botschaft, dass man trotzdem weiterhin der CDU vertrauen solle, weil die SPD nichts dazugelernt hätte. Das entsprach ja auch der Wahrheit.

Ich sagte aber auch, dass sich im Osten nur etwas ändern könne, wenn der Westen aufhören würde, den Osten als verlängerte Werkbank zu begreifen. Andererseits tat man sich in Zeitz sehr schwer mit dem Plan, dort ein Werk zu errichten, das Kunststoffabfälle zu einem Granulat verarbeiten sollte, ganz so, wie es das damals noch neuartige System des »Grünen Punktes« vorsah. Außerdem hatten die Russen in Zeitz einen großen Truppenübungsplatz hinterlassen. Den habe ich besichtigt und das Grauen bekommen, weil ich sah, wie die Russen dort gehaust hatten, vor allem was sie mit ihren Fahrzeugen gemacht hatten, nämlich: Schraube auf, Öl raus – und ab auf den Boden. Das war fürchterlich.

Der Karsdorfer Eisenbahn ging es auch damals schon nicht ideal, auch wenn sie erst knapp zehn Jahre später Insolvenz anmeldete. Das waren die hauptsächlichen Probleme in Naumburg. Und natürlich Rentenangelegenheiten.

Im Aachen zu Naumburg

In Naumburg hinterließ mir mein Vorgänger ein Wahlkreisbüro mit Sekretärin, das heißt zwei Zimmer mit Ofenheizung. In der damaligen Bundeshauptstadt Bonn gab es ein Abgeordnetenbüro mit Zentralheizung, einer Sekretärin und einer wissenschaftlichen Mitarbeiterin. Was von Bonn aus erledigt werden konnte, wurde erledigt, ansonsten war die Mitarbeiterin in Naumburg zuständig, die Einzelfälle zu betreuen und Termine zu vereinbaren hatte. Ich war alle vierzehn Tage vor Ort und wohnte währenddessen im Hotel. Kurioserweise war Naumburg die Partnerstadt meiner Heimatstadt Aachen. Mein Hotel in Naumburg hieß deshalb *Hotel Stadt Aachen*. In Bonn habe ich mich während der Sitzungswochen in dem Schulungsheim des Deutschen Beamtenbundes eingemietet. Dort verfügte ich über ein Zimmer, damit ich nicht jeden Abend nach Hofheim zurückfahren musste. Das habe ich trotzdem oft praktiziert. Auch von Naumburg aus habe ich mich um 23 Uhr ins Auto gesetzt, um bei Wind und Wetter nach Hofheim zu brausen und dann am nächsten Tag gleich wieder nach Bonn zu fahren, wenn ein Termin anstand.

Viel geschlafen habe ich in dieser Zeit nicht. Trotzdem bin ich bei den Bundestagssitzungen nicht eingenickt. Wenn die Presse einen Politschläfer vor die Linse bekommt, ist der natürlich das Opfer. Dann machen sich auch die Kollegen darüber lustig. Ich fand es aber im Bundestag viel zu interessant, um dort nur die Stunden abzusitzen.

Mit dem Sport habe ich übrigens aufgehört, als die Deutsche Einheit kam – ich fand einfach keine Gelegenheit mehr. Schon seit der Gründung der GDL-Ost im Januar 1990 hatte ich das Tennisspielen eingestellt.

Fließende Parteigrenzen

Wenn man frisch im Bundestag ist, betritt man natürlich völliges Neuland. Es geht ja nicht nur darum, in den Sitzungswochen im Plenarsaal anwesend zu sein und einem Vertreter der eigenen Partei zu applaudieren. Die Frage lautet vielmehr: Wie kann ich mich politisch einbringen? Da ich mitten in der Legislaturperiode nachrückte, waren die Sitze in den Ausschüssen schon vergeben. Aber man kann auch als Ersatzkandidat daran teilnehmen. Ich hatte mich für zwei Ausschüsse entschieden: selbstredend für den Verkehrsausschuss, denn die Vorbereitungen zur Bahnreform liefen auf Hochtouren, und für den Ausschuss für Arbeit und Soziales. Letzteres war ein typisches Arbeitnehmerthema. Von der CDA gab es außerdem eine Bundestagsgruppe, und natürlich bin ich dorthin gegangen. Aber auch das brachte keine Erleuchtung.

Am meisten hat man mit den Kollegen aus den Ausschüssen und aus der Landesgruppe zu tun. Die Bundestagsfraktion der CDU ist ja noch mal in Landesgruppen gegliedert. Die haben alle einen Vorsitzenden und treffen sich separat in den Sitzungswochen, um die Lage in den Wahlkreisen zu sondieren und eventuell einen Antrag zu formulieren. Die Landesgruppe Sachsen-Anhalt bestand aus 13 Mitgliedern. Deren Büros im Abgeordnetenhaus lagen auch auf meinem Flur.

Die Parteigrenzen werden in den Medien gern überzogen dargestellt. Man kann sich frei bewegen, es herrscht kein Herdenzwang. Man fährt gemeinsam im Fahrstuhl, sieht sich auf dem Gang, begegnet sich in den Ausschüssen. Man kennt und unterhält sich. Ich bin zum Beispiel mit Dagmar Enkelmann, der ehemaligen »Miss Bundestag« und verkehrspolitischen Sprecherin der PDS im Ausschuss, immer prima klargekommen. Wir haben sie dann auch in unsere Generalversammlung der GDL eingeladen, wie Vertreter der übrigen im Bundestag vertretenen Parteien auch.

In der Kneipe des Bundestags geht es sowieso querbeet, man sitzt nicht nur stur mit seinen Fraktionskollegen zusammen. Diese Kneipe sieht man natürlich im Fernsehen nicht. Interessanter ist aber die Frage, welche Berufsgruppen im Bundestag sitzen: viele Lehrer, jedoch auch Anwälte und Ärzte. Den berühmten Arbeiter hingegen, den findet man so gut wie nicht mehr. Den kann man mit der Lupe suchen – auch in der klassischen Arbeiterpartei SPD.

Wenn die Hupe kommt

Ein Arbeitstag im Bundestag kann ziemlich langwierig sein. Morgens trifft man sich zum Beispiel um acht Uhr zum Arbeitsfrühstück im Ausschuss, anschließend stehen Ausschusssitzung, Arbeitsgespräche, Büroarbeit und Plenarsitzung an, sodass man mitunter erst um 22 Uhr fertig ist.

Man sitzt dabei aber nicht die ganze Zeit im Bundestag. Deshalb sind diese Fernsehbilder verzerrend, wenn sie einen fast leeren Plenarsaal bei irgendwelchen Debatten zeigen – nach dem Motto: Die Abgeordneten tun nichts für ihr Geld und wollen trotzdem immer höhere Diäten! Aber die liegen nicht im Bett oder kleben an der Bundestagsbar, sondern sind gut beschäftigt. Die Abstimmungen fanden meistens freitags statt, und es herrschte Präsenzpflicht. Dann erklang in den Fluren des Bundestags und des Abgeordnetenhauses eine Hupe, damit die Abgeordneten Gas gaben, sich die Mappe unter den Arm klemmten und ab in den Plenarsaal eilten.

Die Montagsinstruktion

Wie sie abstimmen, legen die Fraktionen meistens vorher fest. Montags finden Fraktionssitzungen aller Parteien statt. Es wird dann erörtert, was innerhalb der Partei das politische Programm ist. Unter den Abgeordneten findet ein Meinungsaustausch statt, geleitet wird die Sitzung von den Fraktionsvorsitzenden. Die meisten Abstimmungen sind freigegeben, jeder kann entscheiden, wie er es für angebracht hält. Berühmte Abstimmungen dieser Art waren die zum Paragrafen 218 oder zum Umzug des Bundestags von Bonn nach Berlin. In diesem Fall entscheidet der Abgeordnete frei nach Gewissen.

In der Regel wird aber in der Fraktion etwas vorgetragen und dann beschlossen, das machen wir dann so und so. Nicht jeder Abgeordnete hat von allem eine Ahnung, das geht auch gar nicht. Etwa wenn es um irgendwelche Spezialgebiete geht, die eigentlich außer Fachleuten kein Mensch versteht, dann wird das auch mehr in den Ausschüssen als von den Fraktionen erarbeitet, und die Abgeordneten folgen schließlich den Empfehlungen der Ausschussmitglieder.

Bei den wenigsten Abstimmungen kommt übrigens der sogenannte Fraktionszwang zum Tragen. Aber logischerweise wird Geschlossenheit innerhalb der Partei gern gesehen. Das ist parteiübergreifend so. Es gibt ja namentliche Abstimmungen und solche mit Handheben, dann heißt es vom Bundestagspräsidenten, der mal kurz in die Runde blickt: »Der Antrag wurde mit den Stimmen der Fraktionen von CDU/CSU und FDP angenommen.«

Der umgängliche Kohl

Normalerweise läuft in den Fraktionssitzungen alles sehr routiniert. Aus diesem Grund ist Bundeskanzler Kohl, der Parteivorsitzender war, sofern er an den Sitzungen teilnahm, auch niemandem ins Wort gefallen, oder er hat höchstens mal kurz die Stirn gerunzelt, damit die Abgeordneten anders diskutierten. Der Kanzler war in allem ein Stückchen voraus.

Helmut Kohl war auch viel umgänglicher, als in den Medien oft dargestellt. Ich bin mal mit ihm von Köln/Bonn nach Leipzig und zurück geflogen, weil wir gemeinsam die neue Zuckerfabrik in Zeitz, eine der modernsten in Europa, eröffnet hatten. Und da saßen wir schließlich abends in Leipzig im Flieger zurück nach Bonn. Als Gastgeschenk hatte er von den Zeitzern einen Wurstkorb bekommen. Plötzlich stand Kohl auf, ging zu seinem persönlichen Berater Eduard Ackermann und fragte ihn: »Ackermann, was ist denn eigentlich los? Was kosten bei euch die Kartoffeln? Ha, das glaubst du doch selbst nicht …« Und dann, zum Personal gewandt: »Bringen Sie bitte mal ein Brett und Messer und Gabel.« Und er schnitt die Würste auf und verteilte die Stückchen. Als das Flugzeug immer noch nicht losflog, meinte er: »Wie lange stehen wir denn schon hier? – Ja, ja, das sind wieder die aus Berlin.«

Und wenn in Hessen Wahlkampf war, setzte sich Helmut Kohl ohne große Vorbereitung ins Auto oder in den Flieger – mit den Worten: »Ab nach Frankfurt, da ist Wahlkampf. Ich gehe jetzt mit der Petra Roth einmal die Zeil rauf und wieder runter.« Dafür war er sich nicht zu schade.

In der Fraktion hat er jedenfalls nie das große Wort geführt. Die Regie führte Wolfgang Schäuble als Fraktionsvorsitzender. Und wenn aus irgendeinem Grund falsch, also nicht im Sinne der Parteiführung, abgestimmt wurde, hat Schäuble eben noch einmal darüber diskutieren und abstimmen lassen, damit das richtige Ergebnis zustande kam.

Als 1993 die erste Stufe der Bahnreform beschlossen werden sollte, habe ich vorher gesagt, dass ich nicht für die Privatisierung stimme. Ich war halt der Einzige. »Na gut, dann bist du halt der Einzige. Damit muss eine Partei leben können«, dachte ich mir.

Auto- und Bahnleute

Ich hatte angenommen, dass ich im Bundestag auf meine alten Bekannten von der GdED treffen würde. Es war aber nur einer vertreten, und der war von der CDU. Der war als Nachrücker fast zeitgleich mit mir gekommen und hat gemäß den Beschlüssen seiner Gewerkschaft logischerweise auch für die Bahnprivatisierung votiert.

Im Verkehrsausschuss sitzen Abgeordnete, deren Interessen so unterschiedlich sind wie die Verkehrsarten. Die Fronten sind klar, die Probleme auch. Dass die Bahn einen enormen Wettbewerbsnachteil gegenüber dem Straßen- und Flugverkehr hat, ist allen bewusst. Dass dieses Problem nicht mit der Privatisierung ausgeräumt werden konnte, ist auch jedem ersichtlich. Umso bedauerlicher, dass diese Nachteile bis heute nicht beseitigt wurden.

Wenn ein Abgeordneter einen Wahlkreis vertritt, in dem Bahn nicht stattfindet, kann man nicht davon ausgehen, dass es sich um einen absoluten Bahnfreak handelt. Der schaut zum Beispiel lieber danach, wie es in seinem Wahlkreis den Busunternehmern geht.

Und Abgeordnete aus Rüsselsheim, wo Opel sitzt, oder aus Köln, wo die Fordwerke sind, wissen sowieso, wo der verkehrspolitische Hammer hängt: Bekanntlich hängt in Deutschland jeder sechste Arbeitsplatz von der Automobilbranche ab. Auch wenn alle Abgeordneten kostenlos mit der Bahn reisen dürfen, steigen sie im Zweifelsfall lieber ins Flugzeug. Sie denken wie der Vorstandsvorsitzende der Bahn: Das geht eben schneller.

Der Verkehrsausschuss selbst unternimmt natürlich auch Reisen. Wir fuhren zum Beispiel nach Berlin, um die Pläne zum Umbau der Verkehrsinfrastruktur durch den neuen Hauptbahnhof, dessen Bau die Bundesregierung 1992 beschlossen hatte, zu begutachten. Und wie kommt der Verkehrsausschuss nach Berlin? Der reist nicht als Gruppe mit dem Bus oder der Bahn, sondern seine Mitglieder treffen einzeln ein. Wie sie dahin kommen, ist ihre Privatsache.

Die Pläne für den neuen Hauptbahnhof fand ich zwei Nummern zu groß. Der damit einhergehende Kostenrahmen hat mir nicht gefallen. Das habe ich auch gegenüber dem damaligen Verkehrsminister Matthias Wissmann so geäußert. Darauf hat der gesagt: »Na gut, aber man muss doch erkennen, dass bei der privatisierten Bahn eine neue Zeit anfängt!« Ich fand den Bahnhof mit allem, was zu dazugehört, viel zu gigantisch und vor allem zu kostspielig. Außerdem fehlen – immer noch – Parkplätze für Reisende und eine befriedigende Verkehrsanbindung zur An- und Abfahrt im öffentlichen Nahverkehr.

Was erwartet der Kunde von der Bahn?

Die von der Bahn können bauen, was sie wollen. Ob nun Stuttgart 21 richtig ist oder nicht, das wird man sehen. Unbestritten ist: Dieser Bahnhof kostet wahnsinnig viel Geld. Und ob solche Bauwerke dazu angetan sind, das Image und damit auch das Wirtschaftsergebnis der Bahn zu verbessern, muss bezweifelt werden.

Was erwartet der Kunde von der Bahn? Er erwartet, dass er planmäßig um 12.03 Uhr in Köln abfährt und genau weiß, wann er in Frankfurt am Main ankommt. Im Vordergrund steht nicht so sehr die Frage, ob er die Strecke nun mit einer Geschwindigkeit von 320 oder mit 250 Kilometern zurücklegen muss. Was nützt der schnellste Zug, wenn der Fahrgast mit einer halben Stunde Verspätung ankommt?

Je schneller die Züge, desto unpünktlicher werden sie. Das ist doch paradox. Die alte Bundesbahn war nie in diesem Umfang unpünktlich wie die Deutsche Bahn AG. Da nützte es auch nichts, dass der damalige Vorstandschef der Bahn, Johannes Ludewig, Ende der Neunzigerjahre einen neuen Beruf erfand, den »Pünktlichkeitsmanager«. Der musste fassungslos mit ansehen, wie die Züge immer später einliefen. Deshalb wurden die »Pünktlichkeitsschilder« in den Bahnhöfen von Ludewigs Nachfolger Hartmut Mehdorn auch wieder abgebaut.

Für die Unpünktlichkeit gibt es die vielfältigsten Gründe. Ein großes Problem sind die Suizidfälle. Allgemein ist die Vertaktung der Züge zu eng, da man die Geschwindigkeit als gottgegeben betrachtet. Es wird berechnet, dann und dann muss der Zug eintreffen. Tut er es nicht, hat das schon eine Störung im ganzen System als Folge. Man muss schlicht und einfach sehen: In einem vernetzten System braucht man einen Zeitpuffer. Das Schlimmste für den Reisenden ist es, mit einem ICE acht Minuten zu spät in einen Bahnhof einzufahren, um dann gerade noch zu beobachten, wie der Anschluss-ICE die Bahnhofshalle verlässt.

Ehefrau entscheidet

Mit Ablauf der Legislaturperiode brauchte ich in Naumburg keinen Wahlkampf mehr zu führen, weil ich mich für die GDL und gegen die Politik entschied. Die Gewerkschaftsarbeit in Frankfurt, der Bundestag in Bonn und der Wahlkreis in Naumburg ließen sich auf Dauer nicht unter einen Hut bringen. Ich musste Prioritäten setzen. Mir war klar, dass ich nicht in Hofheim wohnen bleiben konnte, wenn ich noch einmal kandidiert hätte.

Also habe ich meine Ehefrau Marianne nach Naumburg mitgenommen – an so einem tristen Novembertag, wo kein Hund auf die Straße geht, es war neblig und regnete. Ich hatte eine Bürgersprechstunde und habe zu ihr gesagt, lauf mal hier herum und guck dir alles an, geh mal in den Dom. Als sie wieder zurückkam, stellte ich ihr die Frage: Willst du das wirklich?

Später habe ich mich darüber gewundert, dass zum Beispiel Jürgen Klinsmann glaubte, er könne die deutsche Fußballnationalmannschaft von Amerika aus trainieren. Aber die Bayern Münchner hat er dann ja auch lieber vor Ort betreut.

Ich habe mich letztlich für die GDL entschieden, weil ich wusste, dass ich als deren Bundesvorsitzender über viel mehr Möglichkeiten verfüge, die Interessen der GDL-Mitglieder zu vertreten. Ob ich als Abgeordneter wiedergewählt werde, hängt von vielen Faktoren ab, von der allgemeinen Wirtschaftsentwicklung, von der Bundespolitik und so weiter. Unter Umständen wird man abgestraft, obwohl man glaubt, sein Bestes gegeben zu haben. Bei der GDL kann man mich politisch verantwortlich machen, die Entscheidungen des Abgeordneten Schell sind eben nicht für Deutschland maßgeblich, die treffen andere. Deswegen habe ich gesagt: »Nein, ich trete nicht mehr an!« Das war dann klar, es gab eine neue Kandidatin für Naumburg, die hat den Wahlkreis 1994 noch gehalten, und schließlich war er für die CDU verloren.

Kapitel VI: Sieger sehen anders aus

Privatisierung in der Endlosschleife: Die Bahnreform und ihre Folgen

In der Bundesrepublik war die Bahn nie ein modernes Verkehrsmittel. Dazu ist sie finanziell und parteipolitisch zu wenig unterstützt worden. Sie hat immer versucht, aus eigenen Mitteln zu funktionieren. Aber je weniger Menschen und Güter mit der Bahn transportiert wurden, dasto mehr stieg deren Verschuldung. Denn die Bahn musste jahrzehntelang für ihren Verkehrsweg selbst aufkommen. Autos, Flugzeuge und Schiffe müssen das nicht. Das ist ein großer Wettbewerbsnachteil der Bahn. Alle Vorschläge und Maßnahmen, die Chancen der Bahn gegenüber dem Straßen-, Wasser- und Luftverkehr zu steigern, kranken daran, dass es keinen echten Wettbewerb gibt.

Das Problem ist ein grundsätzliches: In Deutschland wird Wohlstand mit Autofahren gleichgesetzt. Ende der Fünfzigerjahre begann der Autoboom. Die Deutschen fuhren mit dem eigenen Fahrzeug durch das Wirtschaftswunderland. Seit Ende des Zweiten Weltkriegs geht der größte Teil der Gelder zur Verbesserung der Infrastruktur in den Straßenverkehr. Und je mehr Straßen gebaut werden, egal ob es sich um eine Umgehungs-, Entlastungs- oder Schnellstraße handelt, desto mehr Autos fahren auf ihnen. Das Verkehrsnetz der Bahn war schon in den Zwanzigerjahren komplett ausgebaut. Seit den Fünfzigerjahren schrumpft es. 1950 betrug es in der Bundesrepublik 38 000 Kilometer (DDR: 16 000 Kilometer), 1990 nur noch 29 500 (DDR: 14 500 Kilometer). Damit verbunden sind Streckenstilllegungen, Personalabbau und das Schließen von Bahnhöfen. Die Bahn schrumpft folglich, aber sie schrumpft sich nicht gesund.

Aus zwei mach eins

In den Siebzigerjahren versuchte sich die Regierungskoalition aus SPD und FDP an der Schaffung der »autogerechten Stadt«. Die Städte wurden mit Autobahnen verbunden. Das Auto hatte Vorfahrt, der Personenverkehr auf der Schiene ging weiter zurück. Der Güterverkehr ebenfalls: 1990 lag sein Marktanteil bei 25 Prozent. Obwohl die Bundesbahn über all die Jahre kontinuierlich Personal abbaute – in den Siebzigerjahren jedes Jahr vier bis sechs Prozent, als der Stellwerksbereich modernisiert und die personalintensiven Dampfloks abgeschafft wurden –, stiegen die Schulden weiter. Helmut Schmidt brachte das einmal auf die Formel: »Entweder wir leisten uns die Bundeswehr oder die Bundesbahn – beides zusammen geht nicht.«

Hatte diese Entwicklung in der alten Bundesrepublik Jahrzehnte gedauert, so wiederholte sie sich nach dem Zusammenbruch der DDR im Schnelldurchlauf. In der DDR galt die Regel, dass Gütertransporte über mehr als 50 Kilometer von der Bahn zu fahren waren. Nach 1990 war alles anders. Innerhalb von drei Jahren verlor die Reichsbahn zwei Drittel ihres Güterverkehrsvolumens und die Hälfte ihrer Fahrgäste im Personenverkehr. Bis 2005 wurden auf dem einstigen DDR-Gebiet insgesamt 5000 Kilometer

neue Fern- und Verbindungsstraßen gebaut. In den Nuller-
jahren erreichte der dortige Motorisierunsgrad das Niveau
der westlichen Bundesländer: Auf 1000 Einwohner kamen
541 zugelassene Pkws (558 im Westen).

Am 1. Januar 1994 wurden dann Bundesbahn und Reich-
bahn zur Deutschen Bahn AG vereinigt. Als sie an diesem
Neujahrstag offiziell bei einem Notar in Frankfurt am Main
gegründet wurde, genehmigten sich die Anwesenden, der
Bahnchef Heinz Dürr, sein Vorstandskollege Diethelm Sack
und zwei Herren aus dem Verkehrsministerium, zur Feier
des Tages eine Flasche Dom Pérignon, wie Dürr in seinen
Memoiren *In der ersten Reihe* schreibt. Die Bahn ist nun
mal eine exklusive Angelegenheit. Ich kenne einen Reichsbahner, der trat zu jener Zeit freiwillig in den Vorruhestand
und lebt jetzt von 582 Euro Rente im Monat – und geht
zur Arbeiterwohlfahrt, um ein warmes Mittagessen zu bekommen.

Von 1990 bis zum 31. Dezember 1993 hatte die Reichsbahn
rund 116 000 Beschäftigte verloren, die Bundesbahn 17 200.
Und wie durch Zauberhand wurden mit Zeigersprung zum
Jahreswechsel vom 31. Dezember auf den 1. Januar 1994
nochmals 12 513 Mitarbeiter von der nigelnagelneuen DB AG
ausgegliedert, damit jeder merkte: »Die Bahn kommt.« Auch
wenn das erst ab 1996 der Werbespruch des Konzerns war.

Ohne Schulden

Am 10. Januar 1994 fand die große Feier im Berliner Ost-
bahnhof statt. Von der einen Seite fuhr ein ICE-Triebwagen
der Bundesbahn ein, von der anderen eine alte Dampflok
der Reichsbahn, die dann aneinandergekoppelt wurden.

Das neue Unternehmen war schuldenfrei. Die Altlasten der beiden Staatsbahnen von 67 Milliarden DM übernahm der Bund. Die grundlegende Neuerung bestand darin, dass die Bundesländer bei der Bahn als Dienstleister die Leistungen im Nahverkehr bestellen und bezahlen mussten.

Die neue Deutsche Bahn war keine Behörde mehr, sondern eine privatrechtlich organisierte Aktiengesellschaft, blieb aber vollständig im Besitz des Bundes. Die Beamten der Bundesbahn wurden an die neu gegründete Behörde Bundeseisenbahnvermögen überstellt, sie arbeiteten jedoch weiterhin für die DB AG.

Durch das Bahnneuordnungsgesetz wurde die Deutsche Bahn in eine Aktiengesellschaft umgewandelt und in fünf Sparten aufgeteilt: Personennah-, Fern-, Güterverkehr, Bahnhöfe und Fahrweg. Zudem gab es den Geschäftsbereich Traktion. Darin waren Lokführer und Lokomotiven zusammengefasst. In der Traktion waren somit sämtliche Lokomotivführer vereint, weshalb die GDL den Slogan prägte: »Die Traktion sind wir!«

Wie alles anfing

Bis es so weit war, musste zunächst mal eine Regierungskommission tagen, unter der Leitung von Günther Saßmannshausen, dem ehemaligen Vorstandschef der Preussag. Diese Kommission war schon seit 1988 bei der Arbeit – in der Geschichte der Bundesbahn übrigens die siebzehnte ihrer Art, die Vorschläge erarbeiten sollte, um die Bahn wirtschaftlicher und wettbewerbsfähiger zu machen. Die anderen hatten zu keinem positiven Ergebnis für die Bahn geführt.

Wir von der GDL hatten zunehmend das Gefühl, dass

auch in der siebzehnten Regierungskommission keinerlei Gedanken zur Verbesserung der Bahn entwickelt wurden, sondern lediglich zu deren Privatisierung. Weil doch angeblich der Markt sich selbst reguliert. Also wurden in der Kommission stets die Schulden berechnet, ganz so wie Dürr es beschreibt: »Die Bahn war also pleite. Aber das wusste man ja. Aber man wusste auch, dass der Eigentümer, nämlich der Bund, nicht pleitegehen konnte.« Bekanntlich macht der Bund ebenfalls Schulden. Es ist eine politische Frage, wie man das gewichten möchte.

Als durch die Wiedervereinigung die Reichsbahn hinzukam, ließ die Mehrheit der Kommissionsmitglieder ihren Katastrophengefühlen freien Lauf. Im Dezember 1991 legte sie ihren Abschlussbericht vor und empfahl die Privatisierung als »ersten wichtigen Schritt« aus der Misere, wie es Dionys Jobst (CSU), der damalige Vorsitzende des Verkehrsausschusses, ausdrückte. Man war sich einig, dass hier ein »Jahrhundertwerk« bevorstünde.

Eigentum verpflichtet nicht

Fakt ist, dass sich durch die Privatisierung der Bahn der Bund seiner Verantwortung als Eigentümer weitgehend entzog. Der Verkehrsminister als Vertreter des Bundes entledigt sich aller Sorgen und sagt: »Bahn-Vorstand, nun arbeite mal schön. Alle unternehmerischen Entscheidungen liegen bei dir.« Im Grundgesetz, Artikel 14, heißt es jedoch: »Eigentum verpflichtet.« Davon soll jedoch offensichtlich nicht mehr die Rede sein.

Die SPD stand der Privatisierung zunächst ablehnend gegenüber. Der verkehrspolitische Sprecher der SPD-Bundestagsfraktion, Klaus Daubertshäuser, wandte sich dagegen, dass die deutsche Staatsbahn ein privatrechtliches Wirtschaftsunternehmen werden sollte, ohne die strukturellen Benachteiligungen und Wettbewerbsverzerrungen abzubauen, die der alten Bahn »das Genick gebrochen haben«. Völlig zu Recht monierte er das Fehlen eines verkehrspolitischen Gesamtkonzepts und die Gleichstellung von Schiene und Straße.

Um die SPD-Fraktion zum Einlenken zu bringen, kam Heinz Dürr und sprach auf einer ihrer Sitzungen, wie er es auch bei der CDU-Fraktion getan hatte. Das war sozusagen eine Frage der Höflichkeit, denn die CDU trat für die Bahnreform ein, die SPD stand aber eben noch nicht ganz auf dieser Linie. Wie so oft in dieser Partei paarte sich Unsicherheit mit schlechtem Gewissen und Fantasielosigkeit. Daraufhin schritt Rudi Schäfer, Chef der GdED und Mitglied der SPD, ein und trat als echter Arbeiterführer auf, um den Arbeitgeber und Privatisierungsbetreiber Heinz Dürr zu unterstützen. Schäfer erklärte der SPD-Bundestagsfraktion die Finanznöte der Bahn und die Sorgen der Arbeitnehmer und rief zum geschlossenen fraktionellen Handeln auf – mit dem Ziel, nach einigen Änderungen im Gesetzesentwurf der Privatisierung zuzustimmen. Natürlich sei das Gesetz zur Privatisierung der Bahn nach kaufmännischen Gesichtspunkten völlig indiskutabel, aber noch schlimmer sei die Situation der Eisenbahn: Wenn das Gesetz nicht passiere, würde die Eisenbahn zerschlagen und Hunderttausende von Arbeitsplätzen gingen verloren. So als würde demnächst die Welt untergehen. Er wisse Bescheid wie sonst keiner, er sei schließlich Gewerkschafter. Und deshalb habe er auch einige kritische Anmerkungen, Ergänzungen und Forderungen, doch im Grundsatz wäre die Privatisierung der richtige Weg, der gegangen werden müsse. Und dann war die SPD auf Vordermann.

In der CDU vertrat Verkehrsminister Günther Krause die Ansicht, wenn man das Schienennetz privatisiere, müssten die Autobahnen ebenfalls mit einer nutzungsabhängigen Gebühr versehen werden, von der dann unter anderem auch die Bahnreform bezahlt werden könne. Das wiederum gefiel der Autolobby nicht und ist schließlich auch an Kanzler Kohl gescheitert. Aus anderen Gründen musste Krause schließlich noch vor der Bahnreform gehen. Matthias Wissmann wurde sein Nachfolger.

Klaus Daubertshäuser sollte es recht sein. Nachdem das Gesetz verabschiedet worden war, wurde er Vorstandsmitglied bei der Deutschen Bahn AG. Er hat sein SPD-Mandat aufgegeben und war zuständig für den Personennahverkehr. Darauf angesprochen, meinte Minister Wissmann, das sei gar nicht schlecht, Daubertshäuser sei im Bahn-Vorstand der Verbindungsmann zu den Ländern, die damals mehrheitlich SPD-regiert waren. Doch die Länder standen der Bahnreform spätestens dann positiv gegenüber, als ihnen der Bund mehr Geld zusicherte. Das hatte ihr Sprecher, der hessische Ministerpräsident Hans Eichel, im sogenannten Kamingespräch herausgeholt. Roland A. Kohn, der verkehrspolitische Sprecher der FDP-Bundestagsfraktion, hat das schlicht »Beutelschneiderei« genannt.

Wissmann übrigens wurde 2007 Präsident des Verbandes der Automobilindustrie.

Ich will nicht

Ich glaube, dass viele der Abgeordneten gar nicht richtig wussten, über was sie abstimmen sollten. Selbst Dürr schreibt in seinen Memoiren, er sei darüber beunruhigt gewesen, dass ihm in der SPD-Fraktion mehrere Abgeordnete gar nicht zuhörten, sondern ungerührt Zeitung lasen, als er sprach. Und auch die Beschäftigten der beiden Staatsbahnen – also die Experten in eigener Sache, denn schließlich ging es um die Zukunft ihrer Arbeitsplätze – machte das bevorstehende Gesetz ratlos. Bei einer Umfrage im Dezember 1992 gaben nur 4,8 Prozent der Bundesbahner und 6,9 Prozent der Reichsbahner an, sie fühlten sich über die Reform »gut« informiert.

Vor der Abstimmung über das Bahnneuordnungsgesetz im Bundestag sprach Wissmann zur CDU-Fraktion und schilderte alles in den schönsten Farben. Nur durch die Reform könne die Bahn als Ganzes erhalten bleiben. »Und deshalb sind wir dafür, dass wir alle mit ›Ja‹ stimmen«, sprach Fraktionschef Schäuble. Daraufhin habe ich mich zu Wort gemeldet und gesagt: »Aber ich nicht.« – »Wieso denn das nicht?«, fragte Schäuble, und ich antwortete: »Ich bin gegen die Privatisierung. Sie liegt nicht im Interesse der Bevölkerung, das hilft der Wirtschaft und nicht der Eisenbahn. Nur eine Staatsbahn kann den Gemeinwohlauftrag und die Daseinsfürsorge sichern. Als GDL befürchten wir einen weiteren Abbau von 90 000 Arbeitsplätzen. Wir wollen uns nicht von den ausschließlich marktwirtschaftlichen Zielen des Bahn-Vorstands abhängig machen. Die Gewährleistung der Infrastruktur ist eine Staatsaufgabe. Und wenn ich jetzt Mitglied des Deutschen Bundestages bin, habe ich ja nicht gleich meinen Verstand am Garderobenhaken mit abgegeben. Ich kann nicht dafür stimmen.« Im Anschluss an mein Plädoyer hat sich Horst Gibtner, der letzte Verkehrsminister der DDR, geäußert: »Den Schell verfolge ich schon lange, das kann man ihm nicht zumuten.« Schäuble meinte nur: »Gut, Sie sind als Nachrücker eben zu spät in den Bundestag gekommen, um die Richtigkeit der Entscheidung zu erkennen.« Doch über diese Frage lässt sich wahrlich streiten.

Die süßsaure Abstimmung

Die Bahnreform benötigte eine breite parlamentarische Zustimmung. Um die Bahn zum privatrechtlichen Unternehmen zu machen, bedurfte es nicht nur eines Gesetzespakets, sondern vor allem der Änderung des Artikels 87 im Grundgesetz. Hierfür war eine Zweidrittelmehrheit im Bundestag vonnöten. Am 2. Dezember 1993 stimmten dem 558 Abgeordnete zu, 13 lehnten es ab. Das waren die Abgeordneten der PDS und ich. Als einziger CDU-Abgeordneter. Die üblichen ökologischen Bedenkenträger der Grünen stimmten mit vier Abgeordneten zu, vier enthielten sich. Sie wollten mal schauen, wie sich die Reform so anlässt, meinten sie. Dagegen fabulierte Roland Kohn von der FDP, es sei »süß und ehrenvoll, für die Bahnreform zu stimmen«, denn durch sie würde Deutschland zum führenden Bahnland in Europa.

Am 17. Dezember verabschiedete dann der Bundesrat die Reform. Mit 61 von 68 Stimmen. Das CDU-regierte Sachsen enthielt sich, und das SPD-regierte Hamburg stimmte dagegen. Warum, das erklärte der Erste Bürgermeister Henning Voscherau: »Mit der Regionalisierung fällt Deutschland in die Zeit vor Friedrich List zurück. Überdies: Die dieser Zukunftsaufgabe nicht annähernd angemessene Finanzausstattung wird nach meiner festen Überzeugung zu zahlreichen Streckenstilllegungen in der Fläche führen.«

Kein König Kunde

Und so geschah es auch. Seit 1994 wird der Nahverkehr von den Ländern bestellt. Es entscheidet nicht der Kunde, sondern das jeweilige Bundesland, welche Strecken in der Fläche befahren werden. Die DB ist jedoch sehr interessiert daran, Züge nur dort fahren zu lassen, wie Mehdorn sich ausdrückt, »wo es sich rechnet«.

Ob es sich rechnet, wird nach einem einfachen Strickmuster ermittelt: Auf der Strecke von A nach B wird das Verkehrsangebot verschlechtert. Es folgt eine Fahrgastzählung. Ist die abgeschlossen, wird dem Land die brisante wirtschaftliche Situation erläutert: Von A nach B haben wir soundso viele Fahrgäste, das macht soundso hohe Fahrpreiseinnahmen. Wir müssen auf dieser Strecke noch erhebliche Gleisbauarbeiten vornehmen, eine Überholung bauen, eine Brücke restaurieren und die Weichen erneuern. Dem Land wird klargemacht, dass immense Kosten entstehen. Die können wir als Bahn nicht übernehmen. Also, liebes Land, wie hoch ist deine Beteiligung? Darauf erwidert das Land: Habt ihr schon mal einem Toten in die Tasche gegriffen und was gefunden? Anschließend stellt die Bahn den Antrag auf Streckenstilllegung, und weil alle Geld sparen wollen, hat niemand etwas dagegen. Dann gibt es wieder eine Strecke weniger, und noch mehr Leute fahren mit dem Auto, weil die Bahn für sie keine Alternative darstellt. Jede

Streckenstilllegung führt zu weiterem Personalabbau. Seit der Bahnreform wurden 600 Bahnhöfe geschlossen.

Bemerkenswert daran ist die Tatsache, dass der Nahverkehr die Haupteinnahmequelle im Schienenverkehr ist. Früher war das anders, seinerzeit hat der Güterverkehr den Personenverkehr finanziert.

Der Servicegedanke

Früher war die Bahn ein rollendes Amt. Der Kontrolleur war der König, der die Bahnkunden je nach Stimmung als störend oder überflüssig empfand. Der riss die Abteiltür auf und brüllte: »Fahrkartenkontrolle!« Doch der Umgang mit den Kunden hat sich bereits seit Mitte der Achtzigerjahre erheblich verbessert. Heute ist das Personal freundlicher, die Atmosphäre in den Züge angenehmer. Dazu gibt es eine hübsche Anekdote: Ein Zugbegleiter kontrolliert einen jungen Mann, der über keinen gültigen Fahrschein verfügt. Der Kontrolleur schreibt ihn auf. Das nächste Mal trifft er ihn wieder ohne gültigen Fahrschein an. Er schmeißt ihn beim nächsten Bahnhof raus. Das geschieht auch beim dritten Mal. Als sie sich zum vierten Mal begegnen, ist der Schwarzfahrer zum Kontrolleur des Kontrolleurs geworden. Die Bahn hat ihn angestellt, um zu kontrollieren, ob das Zugbegleitpersonal auch richtig arbeitet.

Jeder spricht mich an

Wenn ich selbst mit der Bahn fahre, ärgere ich mich wie alle anderen Kunden über die zahlreichen Verspätungen. Ich werde auch von meinen Freunden, meiner Sekretärin oder meinem Schwiegersohn darauf angesprochen. Jeder erzählt mir, wann er mit der Bahn gefahren ist und was wieder einmal passiert sei. Mein Schwiegersohn klagt, dass er von Köln nach Aachen fahren wollte – dreimal hintereinander hatte der Zug anderthalb Stunden Verspätung.

Das ist etwas, was ich schlicht und einfach nicht begreife: Wie man mit der heutigen Technik mehr Verspätungen produzieren kann als damals mit den Dampfloks. Egal ob es sich um den Nahverkehr, den Personen- oder den Güterverkehr handelt. Bereits Anfang der Sechzigerjahre kam ein Zug mit Südfrüchten aus Italien, der über Aachen zum Hafen von Antwerpen fuhr. Unter Bahnern wurde dieser Zug »Mussolini« genannt, und er kam immer auf die Minute punktgenau. Damals war ich Heizer. In welcher Minute der Zug eintraf, wurde durch Lautsprecher angesagt. Ich zog das Feuer zu einer bestimmten Stelle, um den notwendigen Dampfdruck zu erzielen. Der Zug aus Italien hielt, wurde abgekuppelt, und wir fuhren mit unserer Lok an den Zug heran. Kuppel rein, Schlauchverbindung hergestellt, Bremsluft gefüllt. Alles klar, Wagenmeister, Bremsen anlegen, Bremsen lösen – fertig. Planmäßig ging es weiter.

Jahre später sagte mir ein Staatssekretär aus dem Verkehrsministerium: »Herr Schell, Sie sind doch bei der Gewerkschaft der autonomen Lokführer Europas. Wir müssen unbedingt etwas unternehmen. Es ist furchtbar, mit welchen Verspätungen die Züge aus Italien nach Deutschland kommen – das sind zwölf bis sechzehn Stunden!« Wir haben dann in Rom eine italienisch-deutsche Konferenz durchgeführt. Es hat sich gebessert. Gut ist jedoch anders.

Mit dem Bleistift denken

Bei der Bahn gibt es in den Vorstandsetagen so gut wie keine gelernten Eisenbahner mehr. Ab einer bestimmten Hierarchiestufe regieren die Manager. Die denken viel, nur nicht in Bahn. Sie glauben, was sie bei der Lufthansa praktiziert haben, ließe sich im Maßstab eins zu eins auf die Bahn übertragen. Oder als gäbe es zwischen Bus und Bahn keine Unterschiede. So könnten alle Fahrgäste im Nahverkehr beim Lokführer vorn einsteigen und der dann den Fahrpreis kassieren. Eine weitere Möglichkeit, um wieder Zugbegleitpersonal einzusparen. Das wurde auch auf einer Strecke ausprobiert, aber die Standzeiten des Zuges auf dem Bahnhof wurden nicht verlängert, obwohl der Lokführer mehr zu tun hatte. Die Verspätung war somit vorprogrammiert.

Die Kundschaft erlebt die Bahn so, wie sie mit ihr fährt. Da helfen auch keine Reklamegags wie die Kampagne, dass die Bahn ihren Lokführern energiesparendes Fahren beibringe. Ob ein Zug auf einer Strecke nun drei Kilowattstunden weniger verbraucht oder nicht – das hat nicht nur etwas mit der Fahrweise zu tun. Wer so etwas vermarkten will, erweckt den Eindruck, die Lokführer seien blöde und wüssten nicht, wie man Zug fährt.

Wir haben zu viele Entscheider bei der Bahn, die die Bahn nicht verstehen. Für die sind die Mitarbeiter Kostenstellen, die es zu rechnen gilt. Sie erfüllen kritiklos Finanz- und Rationalisierungsvorgaben von oben und streichen dafür selbst Erfolgsprämien ein. Was sie nicht wissen, ist, wie das Ergebnis am Ende eines solchen Prozesses aussieht. Diese Superexperten haben auch das Desaster der Preisreform 2002 angerührt, als kurzzeitig die Bahncard 50 abgeschafft wurde und die Schnäppchenpolitik der Bahncard 25 gefördert werden sollte. Das führte zu gigantischen Einbrüchen beim Personenverkehr, von denen sich die Bahn bis heute noch nicht ganz erholt hat.

Es stellt sich eben die Frage: Muss der Vorstandsvorsitzende der DB Ahnung von der Bahn haben? Oder müssen seine Untergebenen Ahnung davon haben und ihm sagen: Nein, so geht das nicht? Tun sie es nicht, gibt das den nötigen Esprit, dass man oben denkt, es gibt nichts, was nicht geht. Die wollen keine Neinsager, sondern Leute, die das tun, was man ihnen sagt.

Allgemein kennen die Manager nur die betriebswirtschaftliche Perspektive. Ökologie oder infrastrukturelle Vorsorge spielen keine Rolle. Hauptsache, die Bahn ist »wettbewerbsfähig« und verdient Geld. Wenn das Geld nicht mit der Bahn verdient werden kann, dann eben mit Lkws. Deshalb betreibt die Bahn mittlerweile einen Fuhrpark mit 20 000 Lkws. Eine Fluglinie fehlt ihr noch, die Flugzeuge werden bislang nur gechartert. Wie jeder weiß, sind der Lkw und das Flugzeug die natürlichen Feinde der Bahn.

Die Gütermenge hat sich vervielfacht, davon profitiert hat der Lkw. Wenn es billiger ist, einen 40-Tonner von Palermo nach Amsterdam fahren zu lassen, dann ist die Bahn nicht wettbewerbsfähig. Und warum ist sie das nicht? Weil der Verkehr auf der Straße zu billig ist. Die reinen Transportkosten sind zu preiswert, volkswirtschaftlich nicht kostendeckend. Sonst würde man nicht auf die Idee kommen, dass die Kühe in Bayern gemolken werden, die Milch aber zur Weiterverarbeitung nach Italien gefahren wird, um dann schließlich als Joghurt in Deutschland verkauft zu werden.

Schon vor der Bahn ist die Post mehr und mehr privatisiert worden. Früher gab es rollende Postverteilstellen.

Postzüge, in die Postsäcke geworfen wurden und die in den Zügen dann Briefwegen zugeordnet wurden. Das wurde abgeschafft, nachdem sich die Post auf Lkws spezialisiert hatte. Man sieht bei der DHL, wo die Post heute ihre Logistikzentren baut: weit weg von jeder Eisenbahn.

Mit Heinz Dürr durchs Jahr

Ein positives Ergebnis der Bahnreform war die Überführung der rund 42 000 Mitarbeiter des Zugbeförderungsdienstes in den Geschäftsbereich Traktion. Die Lokführer unter einem Dach zu versammeln war sehr transparent. Man hatte fast das Gefühl, es lief für die Deutsche Bahn AG und unsere Konkurrenzgewerkschaft zu gut, also musste dieser Schritt wieder beseitigt werden. Der DB-Vorstand propagierte die »Divisionalisierung«, die Aufteilung des Geschäftsbereichs Traktion auf die Geschäftsbereiche Güterverkehr, Regionalverkehr und Fernverkehr. Alle diese Bereiche sollten eine eigene Traktion erhalten, sprich eigene Loks, Wagen und Betriebswerke. Für die Lokführer hieß das, dass sie nur noch in einer Verkehrsart arbeiten. Die Arbeit wird dadurch monotoner und die Systematik ausgehebelt. Man fängt nicht mehr auf der Rangierlok an und wächst – wie heute noch im Flugverkehr – mit den Maschinen und Entfernungen.

Gegen die »Divisionalisierung« sammelte die GDL unter den Traktionsbeschäftigten 24 823 Unterschriften, die 1995 dem Vorstandsvorsitzenden Dürr übergeben wurden. Er zeigte sich beeindruckt, »dass so viele Mitarbeiter hinter ihrem Geschäftsbereich stehen«. Der Bahn-Vorstand beeindruckte die GDL auf andere Weise: 1996 traf er sich mit uns im Januar, im Februar, im März, April, Juni und Juli und sicherte uns den Erhalt der Gesamttraktion jedes Mal aufs Neue zu. Und am 17. September eröffnete uns Heinz Dürr, dass die Traktion ab dem 1. Januar 1998 divisionalisiert werde.

1999 wurde aus der DB AG eine Holding mit den fünf eigenständigen Tochterunternehmen Reise & Touristik AG (Fernverkehr), Regio AG, Cargo AG (Güterverkehr, hieß später Railion), Netz AG und Station AG (Bahnhöfe).

Der schnelle Herr Mehdorn

1999 wurde Hartmut Mehdorn Vorstandsvorsitzender der DB AG. Der Mann, der die Bahn immer schneller an die Börse bringen wollte. Am liebsten wäre er Pilot geworden. Er hat ja auch geäußert, bei Streckenverbindungen, die länger als vier Stunden Fahrzeit benötigen, lieber in den Flieger zu steigen.

Hartmut Mehdorn habe ich einmal im Beisein des Verkehrsministers Wolfgang Tiefensee gefragt, warum auf der Schnellfahrstrecke von Köln nach Frankfurt Züge durch Schallschutzwände fahren müssen. Ganz abgesehen davon, was das alles kostet. Ich kann ja begreifen, dass Schallschutzwände dort gebaut werden, wo sich Wohnanlagen in der Nähe befinden. Aber wenn ich mir die Autobahn von Frankfurt nach Köln anschaue und die danebenliegenden Gleise der Schnellfahrstrecke betrachte, dann weiß ich nicht, warum zwischen beiden Verkehrsmitteln eine Schallschutzwand errichtet wurde. Wer schützt wen vor dem Schall? Im Auto hat mich ein vorbeirauschender ICE noch nie akustisch belästigt. Ich habe auch noch nie eine

Autobahn gehört, wenn ich im ICE gesessen habe. Das ist doch auch ein Werbeeffekt: Im Auto sitzen und sehen, wie der ICE vorbeizischt. Oder umgekehrt, sich im ICE freuen, dass man nicht auf der Autobahn im Stau steht. Mehdorn hat meine Frage dann beantwortet: »Fragen Sie Herrn Minister Tiefensee, dafür ist der zuständig.«

Armer neuer Stolz

Als die Bahnreform 1994 in Kraft trat, beschäftigte die neu gegründete Deutsche Bahn AG 342 850 Mitarbeiter. Der Chor der Privatisierungsbefürworter, also Bahn-Vorstand, GdED, CDU/CSU, SPD, FDP, die Mehrheit der Grünen sowie die Regierung, erklärten der deutschen Öffentlichkeit: »Durch die Privatisierung wird kein Arbeitsplatz vernichtet. Jeder behält seinen Arbeitsplatz, wenn es auch nicht immer sein gewohnter ist.«

Da aber schon Ende 1995 nur 287 279 Bahn-Mitarbeiter übrig geblieben waren, rumorte es. Zur psychologischen Beruhigung wurde 1996 zwischen der Bahn und den Bahngewerkschaften ein sogenanntes Beschäftigungsbündnis gegründet, das weiteren Stellenabbau verhindern sollte. Dazu ist es nicht gekommen. Ende 2005 hatte die Bahn nur noch 223 848 Mitarbeiter. Ende 2008 liegt ihre Mitarbeiterzahl – ohne die zugekauften Logistikbetriebe – unter 180 000.

Weil Personal abgebaut wurde, mussten die verbliebenen Beschäftigten mehr arbeiten. Das nennt Hartmut Mehdorn in *Diplomat wollte ich nie werden*, seinem autobiografischen Interviewband, den »neuen Stolz« der Eisenbahner.

Anlässlich von zehn Jahren Bahnreform verkündete Mehdorn 2004, die Neuordnung der Bahn hätte den Bund um 108 Milliarden Euro entlastet. Demgegenüber rechnete der Verkehrsgutachter Gottfried Ilgmann im Verkehrsausschuss des Bundestages vor, dass die Bahn den Steuerzahler 17 Milliarden Euro mehr gekostet habe als geplant. Er erinnerte auch daran, dass prognostiziert worden war, dass die Bahn 2004 19,6 Milliarden Euro Gewinn abwerfen sollte, tatsächlich waren es aber nur 0,6 Milliarden Euro. Natürlich kann man dass, so wie Hartmut Mehdorn, sensationell finden.

Seitenwechsel leicht gemacht

Jahrzehntelang befand sich die GDL mit der GDBA, der Gewerkschaft Deutscher Bahnbeamter und Anwärter, in einer Tarifunion. Gegenüber der GdED, die sich seit 2000 Transnet (Abkürzung für Transport, Service und Netze) nennt, waren wir die zwei kleineren Gewerkschaften. Bei den Tarifverhandlungen mit der Bahn befanden wir uns viele Jahre in der Rolle des Verhandlers des zweiten Tages, das heißt, am ersten Tag verhandelte die große GdED das Wesentliche, am zweiten Tag beschäftigten wir uns sozusagen mit den Fußnoten. In der Regel wurden die Ergebnisse der GdED nicht groß verändert. Die wurden uns vorgelegt, wir konnten sie unterschreiben oder es lassen. Sie wurden unterschrieben, damit wir nach draußen signalisieren konnten, dass wir etwas bewegen. Aber bewegt haben wir nicht viel.

Das änderte sich durch die Reichsbahner, die sich als GDL-Ost mit der GDL-West vereinigten. Dadurch, dass die ehemaligen Reichsbahner keine Beamten waren, wurde die GDL streikfähig. Vorher verfügten Beamte lediglich über das Recht, nicht als Streikbrecher eingesetzt zu werden. Seit 1992 und im Vorgriff auf die Privatisierung hatte die Bahn die Beamtenlaufbahn geschlossen. Die alten Beamten wurden übernommen, doch wer nun bei der Bahn anfing, war Angestellter.

Um diesen neuen Gegebenheiten auch organisatorisch Rechnung zu tragen, beabsichtigten GDL und GDBA, ein Kooperationsabkommen zu schließen, um sich zu einem späteren Zeitpunkt zu einer einzigen Gewerkschaft zusammenzuschließen. Im Jahr 2001 machte Transnet GDL und GDBA das Angebot, künftig die Tarifverhandlungen gemeinsam zu führen. Mir war allerdings klar, dass dies nur bedeuten würde, dass die große Gewerkschaft die beiden kleineren noch kleiner machen wollte – und die sollten dazu auch noch Beifall klatschen. Die GDBA-Führung sah das anders und auch einige Kollegen aus dem Vorstand der GDL. Die GDBA-Führung erklärte uns unumwunden, wenn wir das nicht wollten, würden sie das mit Transnet allein durchziehen. Und weil sich die GDL nicht erpressen lässt, haben Transnet und GDBA das schließlich auch getan. Mit der Tarifunion war dann ebenfalls Schluss, und von der angestrebten Vereinigung zwischen GDBA und GDL sprach kein Mensch mehr.

Meinem langjährigen Stellvertreter als Bundesvorsitzender, Heinz Fuhrmann, hat diese Politik von Transnet/DBA derart imponiert, dass er 2002 von seinem Posten zurücktrat, um direkt Vorstandsmitglied der GDBA zu werden. Der GDL hat dies nicht geschadet, denn kein Mitglied ist wegen seines Wechsels ausgetreten.

Bitte mehr Ausbeutung

Um den Plan aufrechtzuerhalten, an die Börse zu gelangen, musste die Bahn höhere Gewinne abwerfen. Altlinke würden sagen: Sie musste die Ausbeutungsrate ihrer Angestellten erhöhen. Bei der DB AG sprach man lieber von »wettbewerbsfähigen Tarifstrukturen«. Die Personalkosten sollten gesenkt werden, um die potenzielle Börsenfähigkeit zu erhöhen. Die Beschäftigten sollten produktiver und preiswerter gemacht werden.

Die DB Regio hatte hierfür 2002 auch einen schönen Plan entwickelt. Es sollte ein Ergänzungstarifvertrag her, um für die Beschäftigten die Jahresarbeitszeit zu verlängern, den Jahresurlaub zu kürzen, verschiedene Anrechnungszeiten zu minimieren sowie Weihnachts- und Urlaubsgeld auf niedrigerem Niveau zusammenzulegen. Diesem Horrorkatalog hat Transnet zugestimmt, ebenso ihr Fifi, die GDBA. Die GDL hat ihn strikt abgelehnt. Wir haben uns massiv dagegen zur Wehr gesetzt. Er ist deswegen auch niemals in Kraft getreten. Anschließend hat sich das Zugbegleitpersonal gesagt, die GDL tut was für uns. Und dann sind in relativ kurzer Zeit 3000 Mitarbeiter des Zugbegleitdienstes in die GDL eingetreten.

Streiken bleibt legal

Es gibt Zugbegleiter und Lokomotivführer. Warum sollten beide in einem Tarifvertrag zusammengeführt werden? Weil die Arbeits- und Ausbleibezeiten zwischen Zug- und Lokpersonal identisch sind. Und weil das Zugpersonal und die Lokführer zu wenig verdienen.

Deshalb legte die GDL im Januar 2003 einen Entwurf für einen Spartentarifvertrag für das Fahrpersonal vor. Wir forderten drei Prozent mehr Entgelt, die Angleichung Ost-West, bessere Pausenregelungen, Schichtzulagen und die Anrechnung von Tätigkeitsunterbrechungen auf die Arbeitszeit.

Einen eigenständigen Tarifvertrag für zwei Berufsgruppen hatte es bei der Bahn noch nicht gegeben. Der Bahn-Vorstand war schockiert, und Transnet sah ihren Alleinvertretungsanspruch für die Eisenbahn gefährdet. Die DB erklärte, wo es einen Tarifvertrag mit einer großen Gewerkschaft gebe, sei ein Spartentarifvertrag für eine kleine Gewerkschaft unzulässig.

Entsprechend verliefen die Tarifverhandlungen mit der DB völlig ergebnislos. Im April 2003 erklärte die GDL sie für gescheitert und kündigte Streiks an. Die DB versuchte mit Aushängen und Schreiben an ihre Mitarbeiter, die Leute einzuschüchtern. Wer sich an einem Streik der GDL beteilige, müsse mit arbeitsrechtlichen Konsequenzen rechnen. Als das nicht fruchtete, erwirkte die DB vor dem Arbeitsgericht in Frankfurt am Main eine einstweilige Verfügung, wonach ein Streik der GDL verboten sei. Dies geschah im Eilverfahren, ohne die GDL vorher anzuhören. Angeblich drohte kurz vor Ostern ein nicht zu ersetzender Schaden für die DB AG, und in der Kürze der Zeit könne das komplizierte Tarifrecht nicht eingehend untersucht werden. Dieses Urteil wurde schon eine Woche später, am 2. Mai 2003, vom Landesarbeitsgericht Frankfurt aufgehoben. Denn auch eine kleine Gewerkschaft hat das Recht auf Arbeitskampf, um die Interessen ihrer Mitglieder durchzusetzen.

Gestreikt wurde dann aber doch nicht, weil die DB der GDL zusicherte, für Lokführer keine Tarifveränderungen,

Ergänzungen oder Aufhebungen durchzusetzen, ohne mit der GDL einen entsprechenden Tarifvertrag abgeschlossen zu haben. Und erst im Februar 2005 wurde ein Tarifvertrag unterzeichnet, der jegliche Sonderopfer des Fahrpersonals ausschloss.

Wennschon, dennschon

Damals riet ich Hartmut Mehdorn, dass er, wenn er denn unbedingt sparen wolle, die Holding DB AG auflösen könne. Denn die koste nur Geld. Und ihre Tochterunternehmen reichten doch, die bräuchten keine Überverwaltung. Fiele die weg, wäre das ein Riesenbeitrag zur Sanierung der Bahn. Das stand dann auch in der Zeitung. Als Mehdorn das las, hat er mir in einem Brief geantwortet, das wäre das falsche Argument zur falschen Zeit. Was denn dieser Schwachsinn solle? Ich habe ihm zurückgeschrieben: »Erstens: Ist das kein Schwachsinn. Zweitens: Welches Argument ich zu welcher Zeit anbringe, das überlassen Sie bitte mir.«

Kapitel VII: Gegen die Außerirdischen
Wie die GDL streikte und gewann

Angeblich ist die Arbeit in Deutschland zu teuer. Das ist ein beliebtes Argument hiesiger Unternehmer, um jede Art von Lohnerhöhungen zu verhindern. Das ist derartig verbreitet, dass selbst die meisten Gewerkschaften es glauben. Wenn die Unternehmer zum Zweck der Standortsicherung immer weniger Steuern zahlen müssen, dann wollen auch diese Gewerkschaften besonders moderat erscheinen. Sie interessieren sich eher für Sozialpläne als für offensive Lohnforderungen. Eine Abwehrschlacht jagt die nächste. Meistens geht es um weniger drastische Kürzungen im sozialen Netz, nie aber um dessen Ausweitung. Die GDL probierte 2007 etwas Neues aus: Sie wollte einfach mehr Geld und einen eigenen Tarifvertrag für das Fahrpersonal. Es wurde einer der längsten Tarifkämpfe in der deutschen Geschichte.

ICE für zwölf Euro die Stunde

Einen wirkungsvollen Arbeitskampf hatte es bei der Bahn vorher noch nie gegeben. Aufgrund des Beamtenstatus ihrer Mitglieder bei der Bundesbahn konnte die GDL nicht streiken, und wenn die GdED gestreikt hat, war keine Beeinträchtigung des Personen- oder Güterverkehrs festzustellen. Wenn zum Beispiel in den Ausbesserungswerken die Arbeiter ein oder zwei Stunden den Hammer beiseitegelegt haben, beeindruckte das niemanden. Trotzdem sind jeder Zug und jeder Fahrgast pünktlich gefahren, auch jeder Güterzug. Dann dauerte es nicht lange, und der Tarifvertrag war fertig. Die GdED konnte abschließend verkünden, dass der massive Arbeitskampf den Arbeitgeber zur Einsicht gebracht habe.

Seit dem Beginn der Bahnreform 1994 war auch die GDL in ihren lohnpolitischen Forderungen sehr zurückhaltend, um den rigiden Personalabbau zu strecken. Die von GdED/Transnet ausgehandelten Lohnerhöhungen zwischen 1,3 und 3,2 Prozent wurden zähneknirschend akzeptiert. Gedankt wurde das der GDL selbstverständlich nicht. Gab es 1990 gesamtdeutsch noch 40 859 Lokführer, waren Ende 2006 davon noch 19 611 übrig. Und die mussten nicht nur mehr arbeiten, um Personalnot auszugleichen, sondern auch einen Reallohnverlust von zehn Prozent hinnehmen. Je nach Dienstjahren und Steuerklasse kamen sie damit auf 1400 bis 1750 Euro netto. Im europäischen Vergleich ist das ziemlich schwach: Selbst junge Lokführer (zwei Jahre Berufserfahrung) verdienen in Spanien 2650 Euro netto, in Frankreich 2770 und in der Schweiz zwischen 2900 und 3150 Euro.

Wenn zum Beispiel ein Lokführer einen ICE von Berlin nach Frankfurt und wieder zurück führt, übernimmt er die Verantwortung für einen Zug, dessen Wert sich je nach eingesetzter Baureihe auf bis zu 46 Millionen Euro beläuft. Bei einer normalen Zugauslastung von 60 Prozent mit rund 550 Fahrgästen ergibt das für die Bahn Fahrpreiseinnahmen von knapp 230 000 Euro. Der Lokführer muss hierfür neun Stunden und 53 Minuten arbeiten und erhält 123 Euro brutto, das macht etwas über zwölf Euro in der Stunde.

Raus aus dem Gefängnis

Im Jahr 2002 hatten wir den Ergänzungstarif für den Regionalverkehr nicht nur abgelehnt, sondern ihn vor allem auch publik gemacht. Den kannte keiner außer dem Bahn-Vorstand und den Tarifabteilungen von Transnet und GDBA, denn sie hatten ihn gemeinsam verhandelt und bereits paraphiert. Die Umsetzung hätte bedeutet, dass die Lokführer und das Zugpersonal pro Jahr 18 Schichten mehr hätten arbeiten sollen, was logischerweise einen immensen Personalabbau mit sich gebracht hätte. Wir sind damals von 9000 Beschäftigten ausgegangen, denen der Arbeitsplatz wegrationalisiert worden wäre. Daraufhin haben wir deutschlandweit erst mal klargemacht, was eigentlich verhandelt worden ist. Transnet sind die Mitglieder scharenweise davongelaufen, innerhalb kürzester Zeit kamen 3000 Beschäftigte aus dem Zugbegleitdienst – also Zugführer und Zugbegleitpersonal – in die GDL. Das wiederum hat die unteren Funktionäre der Transnet aufgeregt. Die haben auf ihren Vorstand geschimpft: »Was haben die denn da oben bloß gemacht?« Letztendlich mussten die Spitzenfunktionäre der Transnet auf Druck der Basis von diesem Ergänzungstarifvertrag Abstand nehmen. Sie konnten ihn nicht mehr durchboxen.

Das war für uns der Ausgangspunkt zur Schaffung eines eigenständigen Tarifvertrags. 2003 wurde uns vor Gericht ausdrücklich unser Streikrecht bestätigt. Ab diesem Augenblick hätten wir die Chance gehabt, einen Arbeitskampf für einen Spartentarifvertrag für den Regionalverkehr zu führen. Das haben wir aber nicht getan. Wir haben uns die neuralgischen Punkte in Deutschland angesehen, zum Beispiel den Bereich Regionalverkehr Nordrhein-Westfalen. Dort hatten wir zwar einen Großteil von Kollegen, die ihren Arbeitsplatz im Osten verloren haben und jetzt dort arbeiteten, aber immerhin noch einen Beamtenanteil von über 55 Prozent. Und einen Arbeitskampf zu beginnen, wenn man nur über 45 Prozent streikberechtigter Arbeitnehmer verfügt und die in Zwei- oder Dreischichtbetrieb arbeiten, erschien uns wenig erfolgversprechend. In diesem Fall hätte die Bahn einfach jede zweite S-Bahn ausfallen lassen und wäre mit Notfahrplänen eingeschränkt gefahren.

Also überlegten wir uns, dass wir es genau andersherum machen würden – wir wollten einen eigenen Tarifvertrag für alle Lokführer, egal ob Güter-, Nah- oder Fernverkehr, und für das gesamte Fahrpersonal. Wir wollten endlich heraus aus dem Abhängigkeitsverhältnis von Transnet, GDBA und Bahn. Die Erfahrung mit diesem Dreiecksverhältnis hatte uns gelehrt, dass eine leistungsgerechte Bezahlung nicht möglich war und weiter nach dem Motto verfahren werden sollte: »Was nicht für alle gut ist, ist für keinen gut.« Für uns aber war die Zeit, dass Eisenbahner und Eisenbahngewerkschaft im Gleichschritt marschierten, vorbei. Deshalb verkündeten wir auf unserer Generalversammlung 2006 in Fulda, dass wir einen eigenständigen Tarifvertrag für das gesamte Fahrpersonal erstreben.

Uns konnte es gleich sein, ob die Bahn durch solch eine Forderung ihren geplanten Börsengang gefährdet sehen würde – wir erklärten, dass wir die Bahn nicht für börsenfähig hielten. Und zum Zeichen, dass wir es ernst meinten, haben wir die Vereinbarung, im Falle einer tariflichen Nichteinigung Schlichter einzusetzen, gekündigt. Wir wollten nämlich keine Kompromisse, sondern mehr Geld für unsere Kolleginnen und Kollegen.

Vor dem Arbeitsgericht in Nürnberg. Die GDL legt Widerspruch ein gegen
die Entscheidung, Streiks im Güter- und Fernverkehr zu verbieten. Links
neben mir unser Anwalt Ulrich Fischer, einer der besten Arbeitsrechtler der
Bundesrepublik. Bahn-Geschäftsführer Werner Bayreuther steht abseits

Der Schein trügt. Heiner Geißler und Kurt Biedenkopf, die Mediatoren im
Tarifkonflikt 2007, freuen sich mit Mehdorn und mir über konstruktive
Sondierungsgespräche, deren Ergebnisse die Deutsche Bahn dann ganz
anders auslegte

Drei Gewerkschaften, zwei Richtungen: Das tun, was die Arbeitnehmer wollen, oder das, was der Vorstand der Deutschen Bahn will? 2007 war Norbert Hansen (Mitte) noch Chef von Transnet, 2008 wechselte er in den Vorstand der Bahn. Wie lange bleibt Klaus-Dieter Hommel Vorsitzender der GDBA?

Standfestigkeit im Arbeitskampf. 2007 war ich für den Kölner Express »Mr. No«

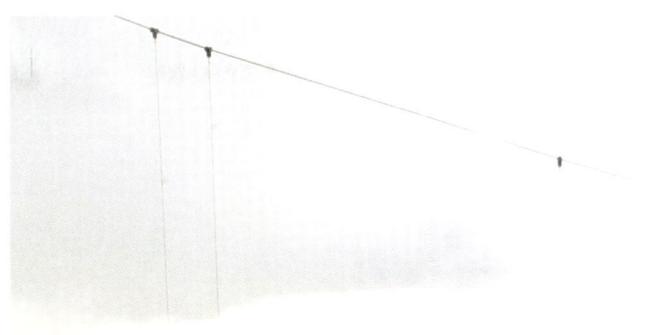

Ein Streikposten der GDL wacht in Hagen darüber,
dass keine Güterzüge fahren

Zusammenhalten. Auch in Köln streiken Kollegen, während in der Frankfurter GDL-Zentrale Morddrohungen eingehen

Spontane Pressekonferenz vor der Haustür in Hofheim

Und der Autovermieter Sixt schaltete ebenfalls Anzeigen, um sich bei mir zu bedanken …

*In den großen Zeitungen kaufte die Deutsche Bahn Anzeigen, um die GDL
und mich zu verunglimpfen, auch auf dem leeren Stuttgarter Hauptbahnhof*

Erst die Drohung, dann der Durchbruch. Am 3. März 2008 wurden die Verhandlungen abgebrochen, am 4. März erklärten wir in Frankfurt, wieder streiken zu wollen …

XXIV

… und am 9. März 2008 wurde der Tarifvertrag zwischen Deutscher Bahn und GDL in Berlin unterzeichnet

Meine Frau Marianne und ich laden in meiner Stammwirtschaft die Journalisten zum Kaffee ein

Dank Mehdorn bleiben alle Fragen offen. Zusammen mit dem GDL-Tarifexperten Joachim ten Hagen verlasse ich die Tiefgarage der Deutsche-Bahn-Zentrale in Frankfurt

Ich habe dem Bahn-Vorstand immer erklärt, dass wir nicht zu Verhand-lungen gehen, um dort bloß Sauerstoff zu verbrauchen

Generationswechsel. Claus Weselsky wurde auf der GDL-Generalversamm-lung im Mai 2008 in Berlin zum neuen Bundesvorsitzenden gewählt und ich zum Ehrenvorsitzenden

XXVIII

Alles gesagt. Nach der Talkshow Anne Will *haben* Margret Suckale vom Bahn-Vorstand und ich nichts mehr zu besprechen

Historisches Dokument. Im Rahmen der Berliner Generalversammlung überreicht mir Verkehrsminister Tiefensee das Blatt aus seinem Kalender, auf dem er den Tarifabschluss skizziert hatte, den Mehdorn und ich dann als Absichtserklärung unterschrieben

Auf dem Weg zur Arbeit – im bestreikten Frankfurter Hauptbahnhof, Oktober 2007

Der Tarifvertrag endete jedoch erst am 1. Juli 2007. Ohne auch nur eine einzige materielle Forderung von uns zu kennen, verklagte der Arbeitgeberverband der Bahn MoVe (Mobilitäts- und Verkehrsdienstleister) die GDL vor dem Arbeitsgericht Mainz. Das war kurz vor Weihnachten 2006. Uns sollte verboten werden, einen etwaigen Streik für den Fahrpersonal-Tarifvertrag durchzuführen. Außerdem sollte gerichtlich festgestellt werden, dass auch ein so zustande kommender Tarifabschluss niemals zur Anwendung kommen könnte, weil er rechtswidrig sei. Im Falle der Zuwiderhandlung hätte die GDL 250 000 Euro Strafe zu zahlen, ersatzweise könnte auch eine Ordnungshaft gegen mich als ihren Vorsitzenden durchgesetzt werden – würde das Gericht einen Tagessatz von 100 Euro veranschlagen, hätte das 61 Tage Haft für mich bedeutet.

Rein rechtlich war dieser Vorstoß natürlich völlig haltlos. Es handelte sich lediglich um einen weiteren Einschüchterungsversuch der Bahn. Der Arbeitgeber wollte es künftig nicht mit zwei Gewerkschaften und mit unterschiedlichen Tarifverträgen zu tun haben. Dadurch wäre das Unternehmen angeblich nicht mehr wettbewerbsfähig. Die GDL musste in die Buhmann-Ecke abgeschoben werden. Wir würden die Arbeitnehmerschaft spalten, weil wir nur an unsere Klientel denken würden. Dabei fiel nicht nur uns auf, dass die Argumente der mit uns konkurrierenden Gewerkschaft Transnet und die des Vorstands der Bahn völlig deckungsgleich waren. Und was die Transnet vom Grundsatz her nicht will, das ist für die Bahn ein besonderes Gebot, beziehungsweise umgekehrt.

Was ist ein dickes Plus?

Für uns war es eine besondere Freude, als am 19. März Joachim ten Hagen als Geschäftsführer der GDL-Tarifabteilung Martin Waldenburger als Vertreter von MoVe unseren Entwurf des neuen Fahrpersonaltarifvertrages übergeben konnte. Darin forderten wir ein Einstiegsgehalt für Lokführer von 2500 Euro pro Monat, verglichen mit dem bisherigen waren das rund 500 Euro mehr. Im Zugbegleitdienst sollte der Einstieg 2180 Euro betragen. Außerdem verlangten wir eine Stunde weniger Arbeitszeit pro Woche (40 statt 41 Stunden). Wir nannten das »ein dickes Plus im Portemonnaie des Fahrpersonals«.

Die Bahn erklärte das selbstverständlich für völlig utopisch. Dabei kannten sich ihre Spitzenvertreter mit dem »dicken Plus« gut aus. 2006 wurden erstmalig die Vorstandsgehälter der Bahn veröffentlicht. Danach stiegen die Bezüge um 62 Prozent, von 12 584 000 Euro 2005 auf 20 143 000 Euro – für acht Vorstandsmitglieder. Davon gingen 3,18 Millionen an Bahnchef Mehdorn, der damit sein Gehalt verdoppelte. Auch der Aufsichtsrat konnte sich freuen. Dessen Gesamtbezüge beliefen sich 2005 noch auf 303 000 Euro, 2006 waren es 875 000 Euro – macht eine Steigerung von 288 Prozent.

Im Bahn-Vorstand wurden diese exorbitanten Summen als Gratifikation begriffen. Denn laut Mehdorn präsentierte die Bahn 2006 das »beste Ergebnis ihrer Geschichte«. 30,1 Milliarden Euro Umsatz und ein Vorsteuerergebnis von 2,5 Milliarden – das musste man doch irgendwie merken, wenn man nicht gerade ein Lokführer war. Denen wurde lieber vorgerechnet, dass sich die Schulden der Bahn auf 19,6 Milliarden Euro beliefen.

MoVe erklärte der GDL in einem Schreiben vom 27. März, unsere Forderungen seien »nicht verhandelbar«. Anschließend herrschte Funkstille. Am 23. Mai führte die GDL in Berlin eine Protestveranstaltung mit rund 1200 Lokführern und Zugbegleitern durch. Ich trat auch auf und sagte, wenn ein vierzigjähriger Lokführer im Monat 1500 Euro verdient, dann »entspricht das in keinem Fall der Verantwortung für Mensch und Material«. Ich rief in den Saal: »Wir weichen keinen Millimeter von dem ab, was wir dem Arbeitgeber am 19. März überreicht haben.« Donnernder Beifall.

Außerdem kam es zu einer Podiumsdiskussion zwischen Gregor Thüsing, Professor für Arbeitsrecht in Bonn, und Werner Bayreuther, dem Hauptgeschäftsführer von MoVe. Thüsing sagte, dass in einem Betrieb mehrere Tarifverträge nebeneinander angewendet werden könnten, was Bayreuther für die Bahn strikt verneinte. Die Bahn benötige einen Tarifvertrag aus »einem Guss«, was wiederum die Anwesenden zu lautem Protest bewegte. Thüsing rief die Bahn dazu auf, in dieser Frage endlich aufeinander zuzugehen, immerhin sei MoVe bekanntlich das englische Wort für Bewegung. In den Zeitungen war daraufhin zu lesen, dieser Tarifkonflikt stelle sich so dar, als wenn zwei Lokomotiven aufeinander zurasen würden.

Der erste Warnstreik

Weil die Friedenspflicht zu Ende war und die Bahn auf unsere Forderungen nicht reagierte, führten wir am 3. Juli 2007, das war ein Dienstag, einen Warnstreik durch. Der dauerte vier Stunden und ging von fünf bis neun Uhr morgens. Das war nicht so schwierig wie 2003. Denn mittlerweile befand sich weniger als die Hälfte der Lokführer im Beamtenstatus, dem Streiken verboten war. Und weil die Bahn ein Verbundsystem ist, kann der Beamtenlokführer an seinem streikenden Kollegen nicht vorbei. Wenn der streikende Angestellte mit seinem Zug auf dem Gleis steht, kann der Beamte mit seinem Zug nicht darüber hinwegfliegen. Der darf sich hinten anstellen mit seinem Zug, selbst wenn er fahren muss und fahren möchte. Wo nichts frei ist, lässt sich auch nichts fahren.

Wir begannen den Streik sehr gemäßigt im Regionalverkehr. Das hat aber nur die Pendler und die Schüler, die morgens nicht ans Ziel kamen, beeinträchtigt, jedoch den Bahn-Vorstand nicht beeindruckt. Das ist auch logisch, denn um diese Uhrzeit sind nur Fahrgäste unterwegs, die eine Monats- oder Jahreskarte besitzen und deshalb die Fahrt bereits bezahlt haben. Der wirtschaftliche Verlust für die Bahn war also gering.

Und weil sie gern so tun als ob, hatten Transnet und GDBA schon vorher so getan, als würden sie auch ein bisschen streiken. In der Nacht zum Dienstag legten fünfhundert Bahnmitarbeiter an dreizehn Standorten für zwei Stunden die Arbeit nieder. Dreißig Züge konnten daraufhin nicht fahren.

Tarifpolitik als Schaumparty

Auch wenn Transnet und GDBA nur zwei Stunden streikten – die Bahn muss zu Tode erschrocken gewesen sein. Wie ist es sonst zu erklären, dass diese beiden Gewerkschaften schon am 9. Juli mit der DB AG einen Tarifvertrag unterzeichneten? Wie bei jedem Tarifkonflikt, den Transnet gestaltete, ging mal wieder alles wie am Schnürchen. Als wäre Gewerkschaftspolitik eine einzige große Schaumparty. Da wurde nicht lange gefackelt und zeitgerecht zum Transnet-Gewerkschaftstag 4,5 Prozent mehr Lohn ab Januar 2008 und eine Einmalzahlung von 600 Euro für 2007 vereinbart, und alles war wieder mal ganz toll. Transnet-Chef Hansen brüstete sich: »Ohne Transnet wäre das Schienensystem in Deutschland schon lange zerschlagen!« Uns, die GDL, nannte er nur »die lieben Freunde vom Lokführerverein« und forderte, wir sollten »den unseligen organisationsegoistischen Konflikt beenden«.

Tatsächlich »organisationsegoistisch« war ein interessantes Detail dieses Tarifvertrages, von dem in der Transnet-Propaganda keine Rede war. Mit der sogenannten Revisionsklausel wurde festgeschrieben, dass Transnet und GDBA den Tarifvertrag ohne Friedenspflicht und Urabstimmung wieder kündigen dürften, sollte die GDL einen besseren Abschluss zustande bringen. Gleichzeitig verpflichtete sich die Bahn, dass GDL-Mitglieder von diesem Abschluss nicht profitieren dürften, solange die GDL den Tarifvertrag nicht unterzeichnet hatte.

Diese Revisionsklausel war ein Stück aus dem tarifpolitischen Tollhaus des Arbeitgebers. Man macht einen Vertrag, den man sofort für ungültig erklärt, wenn man einen anderen Tarifvertrag abschließt. Gleichzeitig pries sie in Annoncen diesen ersten Vertragsabschluss als das größte Wunderwerk, das die Bahn je geschaffen hat. Das wäre der »höchste Abschluss im Interesse der Kunden«, war in halbseitigen Zeitungsanzeigen der Bahn zu lesen.

Der zweite Warnstreik

Uns ging es aber nicht um »Egoismus«, sondern um Konsequenz. Deshalb bestreikten wir am 10. Juli nicht nur den Personen-, sondern auch den Güterverkehr von acht bis elf Uhr. Diesmal nahm es die Bahn zur Kenntnis, sie erwirkte einstweilige Verfügungen bei den Arbeitsgerichten in Mainz und Düsseldorf. Deshalb endete der bundesweite Streik schon um 10.15 Uhr, in Nordrhein-Westfalen sogar schon früher.

An diesem Tag schaltete die Bahn auch Anzeigen in der Tagespresse, in denen sie uns aufforderte, dem Beispiel von Transnet und GDBA zu folgen, die sich in »harten Tarifverhandlungen« mit der Bahn geeinigt hätten. Jeder weitere Streiktag schade den Kunden wie dem Unternehmen und gefährde »am Ende Tausende Arbeitsplätze«. Hartmut Mehdorn erklärte den Streik für »unbotmäßig« und wollte prüfen lassen, ob die Bahn gegen die GDL Schadensersatzansprüche geltend machen könnte.

In dasselbe Horn bliesen auch die üblichen Wirtschaftsinstitute wie das DIW in Berlin, das errechnet haben wollte, dass ein Streiktag bei der Bahn die deutsche Volkswirtschaft mindestens 500 Millionen Euro kosten würde. Und würde die GDL eine Woche streiken, dann breche der Wirtschaftsstandort Deutschland zusammen.

Ich habe daraufhin sarkastisch geantwortet, dass offensichtlich der Abwurf einer Atombombe über Deutschland weniger schwerwiegende Folgen haben würde als ein Arbeitskampf der Lokomotivführer.

31 Prozent Lohnerhöhung – warum nicht?

Derartig eingestimmt, trafen sich GDL und Bahn dann tatsächlich zu Tarifverhandlungen. Die Tarifrunden fanden am 13. und 19. Juli statt. Allerdings ohne die Rituale, die man aus dem Fernsehen kennt. Für die Fernsehkameras haben wir uns nicht die Nächte um die Ohren geschlagen. Denn wer sich morgens um neun Uhr trifft, um dann bis zum nächsten Morgen um fünf Uhr zu verhandeln, der hat sich in diesen Stunden nichts Neues zu erzählen. Wir haben unsere Verhandlungen auch nicht davon abhängig gemacht, wann *Tagesschau* oder *Tagesthemen* gesendet werden. Wenn alles 25-mal durchgekaut ist und sich keiner bewegt, dann muss man das nicht noch 30-mal wiederkäuen. Dann kann man auch Schluss machen. Und genau so sind wir auseinander gegangen. Oder wir haben uns auf den nächsten Tag vorbereitet und uns Aufgaben gestellt. Die kann man nicht zu irgendeiner Tages- oder Nachtzeit neu aufgreifen. Stattdessen mussten wir uns erst mal zurückziehen und rechnen, überdenken, auch suchen: Wo sind hier die Fallstricke, die gelegt werden sollen? Die Bahn wurde vertreten durch den Hauptgeschäftsführer Werner Bayreuther, der konnte ein Angebot 88-mal neu schreiben, aber der Inhalt war immer der gleiche.

Wir hatten unseren Vorschlag für einen Tarifvertrag bereits abgegeben. Logischerweise ist die Forderung immer höher als das, was man will. Wir hatten die Forderung, das Einstiegseinkommen für Lokführer auf 2500 Euro anzuheben, aber wir haben nie Prozentzahlen genannt. Das hat die Bahn für uns erledigt. Die haben zu den 2500 Euro die Arbeitszeit, die Laufzeit und so weiter dazugerechnet und sind so auf die Fabelzahl von 31 Prozent Lohnerhöhung, die wir angeblich fordern würden, gekommen. Das haben wir dann bestritten, aber die Bahn ist bei ihren 31 Prozent geblieben.

Schließlich gab es in Berlin eine Pressekonferenz, und ich habe zu den Medienvertretern gesagt: »Nachdem jetzt ganz Deutschland weiß, dass wir angeblich 31 Prozent fordern, tun wir der Bahn den Gefallen und fordern 31 Prozent. Dann brauchen wir uns alle in Deutschland nicht mehr umzustellen.« Wem das zu viel erschien, den habe ich auf die 62 Prozent Gehaltssteigerung beim DB-Vorstand 2006 verwiesen.

Urabstimmung und Klagewelle

Das Scheitern der Tarifverhandlungen wurde durch den Arbeitgeber provoziert. Wir haben dann unter unseren Mitgliedern die Urabstimmung für unbefristeten Streik eingeleitet. Daraufhin hat uns die Bahn mit einer Klagewelle überzogen, um uns den Streik zu verbieten. Wir sind durch die Republik gejagt worden von Flensburg im hohen Norden bis nach Friedrichshafen unten im Süden und von Chemnitz im Osten bis nach Düsseldorf im Westen.

Logischerweise wurden bei diesen Prozessen die Gerichtsorte nach der bislang ergangenen Rechtsprechung in vergleichbaren Fällen ausgesucht, also danach, wo bislang arbeitgeberfreundliche Urteile produziert wurden.

Viele Arbeitsrichter betrachteten die Bahn immer noch als öffentlich-rechtliche Veranstaltung, die der Daseinsfürsorge diene. Den Prozess, dass aus der Staatsbahn eine Aktiengesellschaft geworden war, hatten einige nicht mitbekommen. Sie glaubten den Meldungen, dass solch ein Streik die

Autoindustrie zum erliegen bringen würde oder dass die Hochöfen bald abgeschaltet werden müssten. Der Industrie- und Handelstag warnte vor massiven Produktionseinbrüchen. Hartmut Mehdorn behauptete, die GDL wolle in der Ferienzeit streiken – »unsere Kunden dürfen nicht unter den Machtspielen einer kleinen Gewerkschaft leiden«, klagte er in der *Bild am Sonntag*. Anschließend riefen die Ersten in der GDL-Zentrale an und wollten wissen, wie sie denn bitte schön in den Urlaub fahren sollten, wenn die Züge stillstehen würden.

Das war alles an den Haaren herbeigezogen und entsprach einer reinen Stimmungsmache seitens der Bahn. Ebenso deren Drohung, die GDL-Mitglieder sollten vom »höchsten Abschluss« – der Tariferhöhung um 4,5 Prozent, die Transnet mit der Bahn vereinbart hatte – ausgeschlossen werden.

Am 6. August hatten wir endlich das Ergebnis der Urabstimmung: 95,8 Prozent der GDL-Mitglieder votierten für Streik. Den kündigten wir für den 9. August an. Die *FAZ* befürchtete, »auch ohne Großkundgebung könnte das Land lahmgelegt werden«. Es musste sich aber keiner Sorgen machen, denn am 8. August verbot das Arbeitsgericht Nürnberg per einstweiliger Verfügung Streiks im Güter- und Fernverkehr bis zum 30. September, weil diese »der gesamten Volkswirtschaft insbesondere in der Hauptreisezeit immense wirtschaftliche Schäden« zufügen würden. Um über diesen schweren Fall nachzudenken, hatte sich die Nürnberger Richterin Silja Steindl laut *Bild* 16 Stunden lang eingeschlossen, um dann dieses abwegige Urteil zu fällen.

Der dritte Warnstreik und ein Vergleich

Am 9. August wurde trotzdem die Arbeit niedergelegt. Als Schwerpunkte hatten wir die S-Bahnen in Hamburg und Berlin festgelegt, die vom Streikverbot ausgenommen waren. Sie wurden von acht bis zehn Uhr morgens bestreikt. Die Bahn reagierte einigermaßen perplex, damit hatte sie nicht gerechnet.

Gegen das Urteil des Arbeitsgerichtes Nürnberg legten wir Widerspruch ein. In all diesen juristischen Auseinandersetzungen wurden wir beraten und vertreten von dem Frankfurter Rechtsanwalt Ulrich Fischer, der zu den fünf besten Arbeitsrechtlern der Bundesrepublik zählt. Ein hervorragender Anwalt, ohne Angst und Angeberei, von dem die *FAZ* zu berichten wusste, dass er »sich mit Krawatten und Sakkos in Froschgrün und Grellorange auch optisch von den Großkanzlei-Anwälten in dezentem Tuch« absetzen würde.

Dank seiner Hilfe einigten wir uns mit der Bahn schon am 10. August vor dem Arbeitsgericht Nürnberg auf einen Vergleich – nach dem Motto: Tut ihr uns nichts, tun wir euch nichts. Allerdings brauchten wir einen Vermittler. Konkret hieß das, dass die Bahn von angedrohten Repressalien gegen Lokführer, die gestreikt hatten, absehen wollte, und wir erklärten, bis zum 27. August keine Streiks mehr durchzuführen. So lange sollte nämlich vermittelt werden.

Gesucht wurde ein Mediator, kein Schlichter, da wir das Schlichtungsabkommen für diese Tarifrunde vorsorglich gekündigt hatten. Ein Schlichter muss sich an bestimmte Regeln halten, ein Mediator ist mehr ein Berater. Margret Suckale, die Personalchefin der Bahn, sagte zu mir: »Herr Schell, den Mediator suchen wir dann gemeinsam.« Doch mit der Bahn gemeinsame Sache zu machen, daran hatte ich nun überhaupt kein Interesse. Deshalb habe ich in einem Interview mit dem Hessischen Rundfunk als Mediator Heiner Geißler vorgeschlagen. Mit ihm hatte ich bereits gesprochen, und er hatte auch schon zugesagt. Ich war noch nicht zurück im Büro, da lief die Nachricht schon über den Äther. Und kaum hatte ich mich an meinen Schreibtisch gesetzt, rief Suckale an: »Wir wollten uns doch auf einen gemeinsamen Mediator verständigen.« – »Ja«, habe ich gesagt, »wir können uns verständigen, wenn Sie unserem Vorschlag zustimmen«. – »Nein, der Bahn-Vorstand möchte nicht, dass Geißler das als Einziger macht.« – »Dann eben nicht. Lehnen Sie ihn doch einfach ab.« Das wollte der Vorstand aber nicht und schlug zusätzlich Kurt Biedenkopf vor. Geißler sagte daraufhin, das sei überhaupt kein Problem. Biedenkopf sah darin ebenfalls kein Problem. Beide hatten schon als Schlichter in Tarifkonflikten gewirkt, beide waren 77 Jahre alt, und beide waren nacheinander Generalsekretär der CDU gewesen.

Terrorist und Rumpelstilzchen

Zu diesem Zeitpunkt lief die Propagandamaschine der Bahn schon auf vollen Touren. Hartmut Mehdorn wandte sich öffentlich an den Eigentümer der Bahn, den Bund, und verlangte eine Gesetzesänderung, damit künftig nicht mehr »kleine Gruppen« wie die GDL in der Lage seien, die Bahnkunden und damit Deutschland zu »terrorisieren«. Das empfand ich insbesondere im Interesse unserer Kollegen als eine Unverschämtheit. Ich habe ihn daraufhin angerufen: »Sie wissen ja, mit wem Sie reden?« – »Ja, Herr Schell, was ist denn?« – »Sie reden hier mit dem Terroristenführer

Manfred Schell!« – »Na ja, na ja, was glauben Sie, was man alles schon zu mir gesagt hat?« Also habe ich dann den Medien mitgeteilt: »Das Rumpelstilzchen Mehdorn hat offenbar nichts kapiert!«

Suckale meinte zu mir, dass die Bahn niemanden persönlich angreifen wollte. Dann las ich die Aufforderung der Bahn: »Beenden Sie diesen Wahnsinn, Herr Schell!« Das hat mir nicht Frau Suckale ins Gesicht gesagt, das hat die Bahn gesagt. Und die Bahn ist ja anonym. Vielleicht bin ich auch die Bahn? In die Mikrofone sprach Suckale immer besonders salbungsvoll, durch die GDL würde die Eisenbahnerfamilie zerschlagen, Arbeitsplätze wären gefährdet – sie sorge sich um das Ganze. Daraufhin habe ich sie »Supernanny« getauft und bin deswegen wieder gescholten worden. Interessanterweise muss ein Lokomotivführer fünf Jahre und acht Monate arbeiten, um das zu verdienen, was Suckale brutto pro Monat von der Bahn erhält.

Viele GDL-Mitglieder, aber auch Juristen, haben zu mir gesagt, ich müsste es mir nicht bieten lassen, von Mehdorn des Terrorismus bezichtigt zu werden. Dagegen sollte ich gerichtlich vorgehen. Das habe ich aber nicht gemacht.

Stattdessen haben sich andere zu Wort gemeldet. Am liebsten wurde der Tarifstreit personalisiert: Schell gegen Mehdorn, »zwei Dickköpfe und ein Nadelöhr«, wie die *Süddeutsche Zeitung* titelte. Dabei wurde ich als »rustikaler Typ« gehandelt, und von Mehdorn wurde angenommen, dass er »innerlich kocht«.

Die *Superillu* fragte: »Sind wir die Geiseln egoistischer Lokführer?« Der *Stern* nannte die GDL »die Ich-Gewerkschaft« und mich »den wildesten Krieger im Getümmel«. Für den Kölner *Express* war ich »Mr. No«. Die *Zeit* schrieb vom »Aufstand der Kleinen« und bezeichnete die GDL als

»Tarifguerilla«. Und der *Spiegel* porträtierte mich als »Manfred, der Lokomotivführer«, der den »Kampf seines Lebens« ausfechten wollte und »zu einem der mächtigsten Männer Deutschlands« werden könnte – »von seiner Entscheidung hängt dann ab, ob Deutschland stillsteht oder nicht«. Das sind Schlagzeilen, die ich nicht zu kommentieren brauche.

Komische Koalitionen

Als der Tarifkonflikt zwischen Bahn und GDL im August zum Medienthema geworden war, konnten auch viele Politiker nicht mehr länger dazu schweigen. Beim »Showdown auf Schienen«, wie die Schweizer Wochenzeitung *WOZ* diese Auseinandersetzung nannte, kam es zu unerwarteten Koalitionen in den verschiedenen politischen Lagern.

Während die CDU-Vorsitzende und Kanzlerin Angela Merkel die Tarifparteien allgemein »zu Verantwortung« mahnte, sprach sich der damalige SPD-Vorsitzende Kurt Beck, als klassischer Vertreter der DGB-Gewerkschaften und damit auch von Transnet, gegen einen eigenen Tarifvertrag für das Fahrpersonal aus. Das sei »ein verheerender Weg, der die Solidarität aushöhlt« lamentierte er. Dagegen hatte der SPD-Umweltminister Sigmar Gabriel für die GDL-Forderung nach mehr Lohn vollstes Verständnis: »Und sie haben recht. Es ist nicht korrekt, wenn so ein Lokführer, der wirklich viel Verantwortung trägt, 1500 Euro netto bekommt!« Damit teilte er die Meinung des damaligen CSU-Vorsitzenden Edmund Stoiber. Für den waren zwar 31 Prozent mehr Lohn indiskutabel, »aber wenn ich mir dann anschaue, dass die Vorstandsbezüge der acht Mitglieder im letzten Jahr um 77 Prozent gestiegen sind, dann ist das mit

Sicherheit kein Vorbild für ein maßvolles Verhalten der Arbeitnehmer«, auch wenn es »nur« 62 Prozent waren. Der FDP-Vorsitzende, Guido Westerwelle, sonst kein Freund von Gewerkschaften, hieb in dieselbe Kerbe: Er könne gut verstehen, »wenn Lokführer, die schließlich in der Schicht hart arbeiten, die hoch qualifiziert sein müssen und die für viele, viele Menschen Verantwortung tragen, nicht mit 1500 Euro am Schluss des Monats nach Hause kommen wollen«.

Das allgemeine gesellschaftliche Problem dieses Tarifstreits brachte Gregor Gysi, der Fraktionschef der Linkspartei im Bundestag, auf den Punkt: »Nicht die Lokführer nehmen die Fahrgäste als Geiseln. Es sind die Beschäftigten und die Bürger, die längst zu Geiseln der Privatisierung öffentlichen Eigentums geworden sind.« Trotzdem war er gegen einen eigenständigen Tarifvertrag.

Zu wenig und zu viel

Schon vor der Vermittlung von Heiner Geißler und Kurt Biedenkopf hatte die Bahn angeregt, einen externen Sachverständigen zu bestellen, der die einzelnen Berufsgruppen bei der Bahn untersucht und dann ihre Wertigkeit für die Bahn und für die Volkswirtschaft feststellt, um daraus den Schluss zu ziehen, was man bei der Bahn verdienen müsse. Und wenn dieser kluge Mensch, den noch keiner kannte, aber es musste theoretisch ein solches Genie geben, dann zu dem Ergebnis gekommen wäre, dass die Lokomotivführer zu schlecht bezahlt werden, dann hätte sich die Bahn dem ohne Wenn und Aber unterworfen und auf dieser Basis mit uns geredet. Vermutlich hätte aber eine solche Untersuchung bis zum Jahre 4000 nach dem Weltuntergang gedauert. Das Mediatorenverfahren ging schneller – bis zum 20. September. Geißler und Biedenkopf sprachen mit uns, mit der Bahn und über Kreuz. Die haben sich sehr viel Mühe gegeben, das steht völlig außer Zweifel.

Schließlich sollte es am 27. August in Berlin eine abschließende Gesprächsrunde mit GDL und MoVe, dem Arbeitgeberverband der Bahn, geben. Anwesend waren Mehdorn, Suckale und Bayreuther. Auf einmal sollten auch noch die Chefs von Transnet und der GdBA, Norbert Hansen und Klaus-Dieter Hommel, teilnehmen. Ob wir etwas dagegen hätten? Ja, hatten wir, doch wir haben uns dem Wunsch der Mediatoren nicht widersetzt. Und dann haben die beiden Mediatoren ihren Vorschlag unterbreitet. Der lautete schlicht und einfach: Die GDL sollte keinen Tarifvertrag für das Fahrpersonal bekommen, sondern nur für die Lokführer. Und zwar bis zum 30. September 2007.

Wir haben uns an diesem Abend noch als GDL beraten und uns letztlich einverstanden erklärt. Wir wussten, dass wir insgesamt 33 Prozent aller Zugbegleiter bei uns organisiert hatten. Für einen Fahrpersonalstreik bei dieser Tarifrunde war das leider zu wenig. Wir haben immer gesagt, dass vom Vorstand der Bahn niemand weiß, wer was wert ist, aber man soll der GDL glauben, dass wir wissen, was das Fahrpersonal für die Bahn wert ist. Und so begriffen wir die Aussicht auf einen eigenen Tarifvertrag, wenn auch nur für die Lokführer, als ersten Schritt in die richtige Richtung.

Doch für die Arbeitgeberseite war das schon zu viel. Sie hat dann noch einmal mit Hansen gesprochen, wie das so üblich ist, die enge Verbundenheit von Bahn und Transnet wurde noch einmal herausgestellt. Ergebnis: Sie wollten nicht unterschreiben. Ich habe das Papier genommen und es für die GDL unterschrieben. Nun saßen Biedenkopf und

Geißler mit nur einer Unterschrift da. Sie sagten, wenn dieser ausgewogene Kompromiss an der Bahn scheitern sollte, dann müssten sie logischerweise die Öffentlichkeit davon unterrichten. Schließlich hat ein Wort das andere gegeben – letztendlich hat Mehdorn dann genickt. Er hat nicht unterschrieben. Er musste das formalrechtlich nicht, denn er hatte ja seinen Arbeitgeberverband am Tisch. Als Hauptgeschäftsführer des Arbeitgeberverbandes hat dann Bayreuther unterschrieben.

Daraufhin haben sich Biedenkopf und Geißler recht herzlich bei Mehdorn bedankt, was dieser mit den Worten quittierte: »Sie brauchen sich nicht bei mir zu bedanken. Das ist eine Leiche, der das Messer in die Brust gestochen und dann noch ein paarmal in ihr herumgedreht wurde.«

Aber: Die Vereinbarung war noch keine vierundzwanzig Stunden alt, da war ihr Papier schon nichts mehr wert. Es wurde sowohl von der Bahnseite als auch von Transnet vorsätzlich völlig fehlinterpretiert. Die gingen auf einmal davon aus, dass die GDL erst einmal ein Vertragswerk mit Transnet und GdBA abschließen müsste, bevor die Lokführer einen eigenständigen Tarifvertrag erhalten könnten. Sonst käme dieser nie zustande, sagte uns Suckale. Davon war vorher überhaupt nicht die Rede gewesen. Auf unsere Veranlassung fand erneut eine Sitzung statt. Biedenkopf und Geißler sollten erklären, was sie eigentlich gewollt hatten. Sie haben dann eine sogenannte authentische Interpretation ihres Kompromissvorschlags verfasst. Die haben die anderen zur Kenntnis genommen, nur begreifen wollten sie sie nicht. So ging das dann weiter, wie ein Film, der sich nonstop wiederholt. Immer wieder wurde Transnet durch den Bahn-Vorstand als dritte Macht ins Spiel gebracht. Sie sollte de facto darüber entscheiden, ob es einen Tarifvertrag gibt – ja oder nein? Wenn ja, dann nur zu ihren Bedingungen. Das war alles ein abgekartetes Spiel. Deshalb wurden die Mediatorengespräche am 20. September für gescheitert erklärt.

Chemnitz mal zwei

Die Verhandlungen gingen aber weiter. Ich habe zur Bahn gesagt: »Das gibt es nie, dass wir uns auf die Bedingungen von Transnet einlassen.« Wir haben schöne Papiere verfasst – die haben sie verworfen. Ihre Entwürfe haben wir verworfen. Annäherungen mit der Bahn gab es so gut wie gar nicht. Am »Feindbild Lokführer« *(junge Welt)* wurde nicht gerüttelt. Und wieder zückte die Bahn die juristische Karte. Auf ihre Initiative hin untersagte am 5. Oktober das Arbeitsgericht Chemnitz der GDL, den Güter- und Personenfernverkehr zu bestreiken. Denn dabei sei die Verhältnismäßigkeit der Mittel aufgrund internationaler Transportverflechtungen nicht mehr gegeben. Streiks im Regionalverkehr wären hingegen erlaubt.

Eine Unterteilung eines Unternehmens wie der Bahn in verschiedene Abteilungen, in denen Arbeitskämpfe mal erlaubt sind und mal nicht, das hatte es in der deutschen Geschichte bis dato noch nicht gegeben. Deshalb gingen wir dagegen in Berufung. Die Bahn allerdings auch, sie verlangte, dass es in sämtlichen Abteilungen ihres Unternehmens für Lokführer verboten sein sollte, zu streiken.

So kam es, dass das Sächsische Landesarbeitsgericht in Chemnitz am 2. November das erstinstanzliche Urteil aufhob und der GDL aufgrund der Koalitionsfreiheit das volle Streikrecht für alle Transportbereiche der Deutschen Bahn erteilte.

Erst die Kur, dann die Regionalstreiks

Schon nach dem ersten Chemnitzer Urteil fingen wir an, die S- und Regionalbahnen zu bestreiken, im Güter- und Fernverkehr war es ja für uns zunächst nicht zulässig. Einen Tag bevor es losging, bin ich für drei Wochen zur Kur an den Bodensee gefahren. Das war am Dienstag, den 16. Oktober, und schlug in den Medien ein wie eine Bombe. Sofort war die Straße vor unserem Haus in Hofheim mit zahlreichen Autos blockiert, aus denen Journalisten, Kameraleute und Fotografen stürzten – obwohl ich doch schon weg war. Meiner Frau war das zu blöd, sie ist dann zu unserer Tochter nach Aachen gefahren.

In den Medien gab es daraufhin krudes Zeug zu lesen. Ich sei auf »Tauchstation« gegangen, in der GDL-Führung würde ein »Machtkampf toben«, und der *Express* fragte: »Schlammbäder statt Schlammschlacht?« Zur Illustration montierte er mich auf einem besonders schmeichelhaften Foto in eine Schlammwanne – mit Pfeife im Mund. Bei der Bahn drehten sie völlig durch. Der DB-Vorstand behauptete: »GDL läuft Amok«, und Margret Suckale verkündete, die GDL würde nun »führungslos in einen langen Streik« taumeln.

Das war natürlich Kokolores. In Frankfurt agierte mein Stellvertreter Claus Weselsky besonnen und kämpferisch, wir standen in ständigem Kontakt. Und solange sich der Bahn-Vorstand nicht auf uns zubewegte, konnte ich etwas für meine Gesundheit tun, obwohl ich keinerlei Erkrankung hatte. Sobald die Bahn positive Signale senden würde, wäre ich sofort wieder in Frankfurt am Main. Das wussten alle.

Anfang des Jahres 2007 war ich bei meinem Hausarzt

gewesen und hatte ihn gefragt, ob jemand wie ich, der fast 51 Jahre ununterbrochen gearbeitet hatte, nicht auch mal eine Kur verdient hätte. Mein Hausarzt hat gesagt: »Aber selbstverständlich.« Ich habe mir im Internet die Anträge der Krankenkasse ausgedruckt und ausgefüllt. Damit bin ich zu meinem Hausarzt gegangen, und er hat sie eingereicht.

Die Kur sollte dann im Juni beginnen. Dort habe ich angerufen: »Um Gottes willen – nein, Sie wissen ja, ich bin der Schell von der GDL, und wir befinden uns im Arbeitskampf, also kann ich diesen Termin unmöglich annehmen. Geht es, dass Sie mir einen anderen Termin geben?« Man schlug mir den Juli vor. Ich meinte, das sei auch zu früh. August und September waren aber völlig ausgebucht, es ginge erst wieder im Oktober. Daraufhin habe ich großspurig gemeint: »Ja, dann ist hier alles klar, dann sind alle Messen gesungen.«

Während ich zur Kur war, hat nicht eine einzige Tarifverhandlung stattgefunden, stattdessen liefen Prozesse vor Arbeitsgerichten. Logischerweise bin ich von der Kur aus zum Prozess nach Chemnitz gefahren.

Die Kurklinik in Radolfzell befand sich zu der Zeit gerade im Umbau. Vom Bettenhaus musste man fünfundzwanzig Meter zum Speisesaal gehen. Nach meinem ersten Abendessen wartete auf der Straße schon jemand von der *Bild*-Zeitung. Auf dessen Fragen habe ich kurz und bündig geantwortet. Am nächsten Morgen stand dann nur Unsinn in der *Bild*. Nach dem Frühstück erwartete mich der Journalist erneut am Ausgang, ich habe ihn angeblafft, was er sich denn da zurechtgedichtet hätte. Er hat sich entschuldigt und alles auf die *Bild*-Redaktion geschoben. Ich habe ihm gesagt: »Denk dran, ich will dich hier nie mehr sehen!«

Und wie zum Hohn standen ab zehn Uhr morgens sechs Übertragungswagen vor der Klinik und sechzehn Paparazzi mit riesigen Objektiven hinter den Bäumen. Die habe ich von meinem Balkon aus gesehen und den Balkon anschließend nicht mehr betreten. Das hatte auch die Kurverwaltung mitbekommen. Der leitende Kurarzt bat mich zu sich, um mich zu fragen, was wir denn jetzt machen sollten. »Keine Ahnung«, sagte ich. »Aber Sie müssen doch zumindest etwas essen.« Dann holte er den technischen Direktor, der mir einen Geheimweg vom Bettenhaus zum Speisesaal wies, direkt durch den Keller. Und da saß ich dann und musste mich mit meinen Mitpatienten gar nicht mehr bekannt machen, denn die wussten schon, wer ich bin. Plötzlich sagt mein Tischnachbar: »Herr Schell, nicht umdrehen!« Hinter der Glasscheibe standen sechs Männer mit Kameras, um ein Bild von mir zu erhaschen. Das haben sie nicht geschafft. Fortan aß ich in einer anderen Ecke des Saals, mit Vorhängen vor dem Fenster.

Die Kurklinik bot mir an, mich in einem Lieferwagen des Hauses versteckt an den Journalisten vorbei in die Stadt zu fahren. Ich lehnte ab. Stattdessen schlich ich eines Abends in der Dunkelheit zum Parkplatz. Alles war in bester Ruhe. Bis zu dem Augenblick, als ich fünf Meter von meinem Auto entfernt den Schlüssel drückte und kurz die Blinkanlage anging. Da flogen auf der Straßenseite gegenüber die Autotüren auf, und es begann ein Blitzlichtgewitter. Als ich die Fotografen fragte, was das solle und wen das interessiere, meinten die: »Alles o. k. Das ist unser Job.«

Nach der ersten Woche ist der Spuk dann abgeebbt. Ich konnte unbehelligt an die frische Luft und fühlte mich nicht mehr kaserniert. Den Journalisten, die sich angemeldet hatten, habe ich Interviews gegeben. Die durften mich auch fotografieren. Das waren seriöse Berichterstatter. Unter anderem sprach ich mit dem *Stern* und nannte Mehdorn und Suckale »die Außerirdischen«, weil sie die Bahn nicht verstünden. Vorher hatte Suckale behauptet, die GDL befinde sich auf »tarifpolitischer Geisterfahrt«. Ich bezeichnete solche Aussagen als »Psychoterror« und »Volksverblödung«. Zum Schluss des Interviews sagte ich: »Dieser Tumult bringt mich nicht aus der Ruhe. Denn ich weiß, wir kämpfen für eine gerechte Sache.« Der Mann vom *Stern* antwortete: »Das ist doch Pathos«, und ich wieder: »Das ist die Wahrheit.«

Das Ferrari-Gerücht

Die *FAZ* hatte behauptet, ich wäre zur Kur gefahren, um die Rückenschmerzen auszukurieren, die ich seit dem Tag hätte, als ich meinen Ferrari zu Schrott fuhr. Tatsächlich befand ich mich in Radolfzell in einer Herz-Kreislauf-Klinik. Dass ich schon Ferrari gefahren bin, ist hingegen nicht erfunden. Sogar zwei Stück, aber nur gebrauchte. Das begann damit, dass mir bei der Feier meines sechzigsten Geburtstags in der GDL-Zentrale der GDL-Bezirk Frankfurt eine wunderschöne Karte geschrieben hatte. Der Kollege Günther Kinscher, der anschließend mein Stellvertreter wurde, hat sie vorgelesen. Sie lautete sinngemäß: »Was Schumacher für Ferrari war, das ist Schell für die GDL, denn mit Schell kamen die Erfolge ...« Und dann fragte mich eine Angestellte, die gerade vierzehn Tage bei uns war: »Herr Schell, hätten Sie gern einen Ferrari?« Ich antwortete: »Ja, wenn ich ihn bezahlen könnte.« Sie erzählte, dass ihr Freund eine Werkstatt für Sportwagen betreibe, der könnte mir helfen, einen zu finden. Damit war das Gespräch beendet.

Nach dem sechzigsten Geburtstag machten mein Vetter, meine Frau und ich Urlaub auf Teneriffa. Irgendwann habe ich dort zu meinem Vetter gesagt: »Weißt du, was ich tue? Ich kaufe mir einen Ferrari.« Er hielt mich für bekloppt. Zu Hause habe ich meinem Sohn von dem Vorhaben erzählt, und der hat im Internet eine Ferrari-Vertretung in Frankfurt ausfindig gemacht. Dorthin sind wir dann mit dem Freund der Angestellten gefahren und haben einen roten gekauft.

Der Ferrari war fünf Jahre alt und hatte ein Problem: Man konnte sein Stahldach abnehmen und hinter die Sitze stellen. Dafür musste man sie vorrücken, und dann war es ganz schön eng.

Nach genau einem Jahr habe ich mir dann den zweiten gebrauchten Ferrari gekauft. Ein tolles Auto! 300 PS, aber kein Gewicht. Es passte höchstens noch eine Handtasche hinein. Wenn man unter Brücken durchfuhr, röhrte er ganz herrlich. Wenn ich zum richtigen Zeitpunkt auf der richtigen Autobahn war, konnte ich auch mal auf die Tube drücken. Muss man aber nicht, denn wenn man in einem solchen Auto sitzt – das ist mir davor nie bewusst gewesen –, braucht man mit den anderen Autofahrern nicht zu konkurrieren. Jeder weiß: Der ist schneller.

Mit dem Ferrari bin ich auch zur Arbeit gefahren. Ich halte es für geradezu pervers, ein solches Auto zu verstecken. Es dauert keine zwei Monate, dann wissen es sowieso alle. Ich wurde darin auch nicht böse angeschaut. Im Gegenteil, die meisten meinten: »Schickes Auto, klasse.«

An einem Sonntagmorgen fuhren meine Frau und ich zurück aus der Eifel, wo wir uns mit Freunden getroffen hatten. Es regnete Bindfäden. Dreißig Kilometer vor unserem Zuhause gehe ich auf die Überholspur, gebe Gas, plötzlich bricht der Ferrari hinten aus, und dann hingen wir an der Leitplanke. Das Auto schob sich unter die Leitplanke durch bis kurz vor unseren Köpfen. Damit war der Traum vom Ferrari ausgeträumt.

Jetzt fahre ich einen Mercedes SLK, weil meine Frau gesagt hat, sie würde in keinen Ferrari mehr einsteigen. Solange ich noch im Dienst bei der GDL war, stand auf dem Frankfurter Nummernschild: »F – DL 1867«. Das war die Idee meiner Sekretärinnen und heißt: »Für die Lokführer«, und 1867 wurde die GDL gegründet.

Der große Streik

Lustig fand ich die Anzeige des Autoverleihers Sixt. Unter einem Foto von mir stand »Danke, Manfred Schell!« und in Klammern »Immer mehr Bahnkunden entdecken die günstigen Preise von Sixt«. Die erschien in den auflagestarken Tageszeitungen am 6. November. Vom 8. bis zum 10. November bestreikten wir für 42 Stunden den Güterverkehr. Frau Suckale hat uns zum x-ten Mal aufgefordert, »zurück an den Verhandlungstisch zu kommen«. Aber was sollten wir da? Wenn es kein Angebot gibt, gibt es auch nichts zu verhandeln. Wir gehen doch nicht dahin, um unnütz Sauerstoff zu verbrauchen.

Stattdessen trafen wir uns in Talkshows im Fernsehen. Bei einer saßen dann auch der Hansen von Transnet und Martin Kannegiesser vom Arbeitnehmerverband Gesamtmetall. Das war nicht gerade herzlich. Im Fernsehen hat man wenig Zeit, etwas zu sagen, deswegen muss man schon vorher wissen, was man sagen wird. Und besonders für Gewerkschaftspolitiker gilt die Regel: Man darf nicht alle Fragen beantworten, die man gestellt bekommt, sondern man muss das sagen, was man sagen will. Hätten wir für die mediale Verbreitung der GDL bezahlen müssen, dann hätten wir uns in den nächsten hundert Jahren keinen Streik mehr erlauben können.

Schon vor dem Güterverkehrstreik hatte die Bahn Anzeigen geschaltet, in denen sie sich an die »lieben Lokführerinnen und Lokführer« wandte und weismachen wollte, sie hätte ein prima Verhandlungsangebot in petto – »bis zu zehn Prozent mehr Gehalt und 2000 Euro Einmalzahlung in diesem Jahr«. Wenn man nachrechnete, stellte sich heraus, da war gar nichts. Die 2000 Euro bezogen sich auf die ganz normale Überstundenbezahlung. Durch die normalste Sache der Welt sollten die Lokführer also mehr Geld bekommen. Und auch nur diejenigen, die bereits mehr als 100 Überstunden geleistet hatten. Die »zehn Prozent mehr Gehalt« basierten auf dem Angebot von 4,5 Prozent Lohnerhöhung plus zwei Stunden wöchentliche Mehrarbeit. Das wurde von mir und von unseren Mitgliedern ganz schlicht und einfach als Versuch gewertet, die Öffentlichkeit hinters Licht zu führen, um die Meinung gegen die GDL zu wenden.

Dann hieß es urplötzlich, mitten im Arbeitskampf: Die Bahn sucht 1000 neue Lokführer! Bis dahin behauptete sie immer, wir hätten nicht zu wenig Lokführer. Deshalb mussten unsere Mitglieder ja auch die vielen Überstunden machen. Ich habe nur gesagt, wenn das die Personalplanung der Bahn ist, na bravo. Die 1000 neuen Lokführer hat sie dann tatsächlich gesucht, aber bis Dezember 2008 lediglich die Hälfte gefunden – und als Zeitarbeiter angestellt.

Aber weil sich die Bahn nicht bei uns direkt meldete, haben wir dann vom 14. bis zum 17. November den Fernverkehr bestreikt. Und damit nicht nur die Kollegen aus dem Personenverkehr den Arbeitskampf führen mussten, nahmen wir den Güterverkehr gleich mit hinzu. Von Mittwoch bis Samstag früh. Die Wochenenden haben wir unangetastet gelassen. Doch die Bahn hatte schon Angst vor den Verlusten im Weihnachtsverkehr.

In der GDL-Zentrale war zu dieser Zeit Nachtschicht angesagt. Aber nicht für alle 38 Angestellten. In der Regel war das ein kleiner Stab von fünf, sechs Leuten, darunter auch einer aus der Tarifabteilung und ein Jurist, um Rechtsfragen zu beantworten – zum Beispiel wenn nachts ein Lokführer anrief und um Rat fragte: »Ich soll jetzt Dienst leisten, die wollen mich hier als Notdienst einsetzen. Ich weiß nicht, muss ich fahren oder muss ich nicht?«

Zustimmung, Übertritte, Morddrohungen

Auf den Bahnsteigen war die Stimmung viel besser als gedacht. Viele Reisende waren pro GDL eingestellt und riefen uns auf, bloß weiterzustreiken, denn sie wollten endlich ein Ergebnis sehen. Einer Umfrage des *Sterns* zufolge waren 55 Prozent der Deutschen auf unserer Seite. Selbstredend sind auch solche Umfragen tendenziös. Es kann sich leicht jemand mit den Lokführern solidarisch erklären, der nicht mit der Bahn fährt. Trotzdem ist mir im ganzen Streik nur einmal jemand auf einem Bahnsteig begegnet, der mich bespuckt hat. Der wollte mich sogar schlagen, hat sich dann aber doch nicht getraut. Ich hätte mich nicht mal wehren können – alle Kameras waren ja auf mich gerichtet.

Von den Gewerkschaften im Beamtenbund gab es Solidaritätsbekundungen, logisch. Aber auch aus den DGB-Gewerkschaften, von der unteren Funktionärsebene. Betriebsräte und Vertrauensleute schickten Faxe, in denen stand, mit der GDL agiere hier endlich mal eine Gewerkschaft offensiv. Denn die hatten ja den Reallohnverlust in den letzten Jahren ebenso zu ertragen. Die Inflationsquote hat ihnen immer alles aufgefressen, was tarifvertraglich vereinbart war.

In Berlin traten 700 Mitglieder von ver.di zu uns über, weil ihre alte Gewerkschaft vorher einen so niedrigen Tarifvertrag ausgehandelt hatte. Das waren Bus- und Straßenbahnfahrer. Denselben Effekt erzielten wir auch in Nürnberg und München.

In der GDL-Zentrale riefen massenweise Bahnkunden an und wollten wissen, ob die Züge fuhren. Oder sie wollten Informationen, was das alles solle. Manche haben uns auch einfach nur beschimpft oder verlangten Schadensersatz. Anscheinend hatten sie die Rufnummer von der Bahn bekommen: »Wendet euch an die GDL, die ist dafür zuständig.« Es gab aber auch mehrere Morddrohungen. Einmal rief nachts jemand an, der sagte: »Der Nächste, der das Haus verlässt, wird abgeknallt.« Daraufhin kam die Polizei und hat unsere Mitarbeiter morgens nach Hause gefahren. Ein anderer meinte: »Wir wissen, wo Schell wohnt, jetzt ist er fällig.« Oder es wurde gleich direkt bei mir zu Hause angerufen. Monatelang fuhr die Polizei vor unserem Haus Streife. Das war für meine Familie nicht sonderlich angenehm. Ich habe mich gefragt: Kann da was dran sein? Verrückte gibt es immer. Und Verrückte von einer Tat abzuhalten ist schwer. Aber deshalb kann ich doch mein Leben nicht umstellen. Ich habe mich nicht im Mauseloch versteckt, sondern mein ganz normales Leben weitergeführt.

Die letzte Morddrohung kam aus Berlin. Jemand schrieb mit Handschrift, was er schon alles für Berufe gehabt hätte, Schauspieler, Musiker, alles Mögliche. Nun habe er nichts mehr zu verlieren. Noch ein Streiktag, und ich würde umgebracht. Da habe ich Strafanzeige gestellt. Denn der hatte seinen Namen samt Adresse fein säuberlich auf den Brief geschrieben.

Was sagt der Besitzer?

Bevor die GDL den Fernverkehr bestreikte, berichtete die *Bild*-Zeitung von einem »Geheimtreffen im Nobel-Lokal« zwischen Mehdorn und mir. Es sollte am 12. November im *Schubeck's Check Inn* am Privatflughafen Egelsbach bei Frankfurt stattgefunden haben, und zwar »bei Salat (mit getrüffeltem Hausdressing) und Mineralwasser«. Das Gespräch sei um die Frage gekreist: »Wird der Riesenbahnstreik doch noch verhindert?« Nach eineinhalb Stunden sei ich »im silbergrauen Mercedes SLK« verschwunden, und »Mehdorn flog mit einer zweistrahligen Cessna Citation zurück nach Berlin«. Gestreikt wurde trotzdem. Für die Medien ist es wichtig, wie man eine solche Auseinandersetzung personalisiert. Sie zeichneten das Bild von zwei sturen alten Männern. Dabei hat Mehdorn seine Rolle gespielt und ich meine. Ob das *Bild*-Foto von ihm nun in Egelsbach aufgenommen wurde? Es war ein Foto, wo Mehdorn zum Flugzeug ging.

Uns war bewusst, dass der Bahn-Vorstand in trauter Zweisamkeit mit Transnet weiterhin alles unternehmen würde, um unsere Forderungen zu entkräften. Aus diesem Grund habe ich an die Bundesregierung appelliert, tätig zu werden getreu dem Motto: Ein Vorstandsvorsitzender eines Unternehmens kann nicht machen, was er will. Immerhin ist nicht er der Eigentümer, sondern die Bundesrepublik Deutschland. Daraufhin meldete sich bei mir das Büro Merkel. Wieso, weshalb, warum? Mein Eindruck war, dass man dort Mehdorn schon lange genug zugehört hatte. Und das war nicht sonderlich erfolgreich gewesen.

Tiefensees Terminkalender

So kam es, dass Bahnchef Hartmut Mehdorn und ich uns erneut trafen, diesmal beim Bundesverkehrsminister Wolfgang Tiefensee in Berlin. Schließlich riss der Minister ein leeres Blatt aus seinem Terminkalender und skizzierte darauf die Eckpunkte für einen eigenständigen Tarifvertrag der Lokführer: 800 Euro Einmalzahlung, Lohnerhöhung um 11 Prozent, (ab 1.3.2008 um acht Prozent und weitere drei Prozent ab dem 1.9.2008) und Verkürzung der Arbeitszeit um eine Stunde (ab 1.2.2009). Das geschah am 12. Januar 2008. Mehdorn und ich sollten das unterschreiben. Das taten wir auch, allerdings verwies ich darauf, dass der Inhalt dieser Einigung unter dem Vorbehalt des notwendigen Beschlusses der Tarifkommission meiner Gewerkschaft stehe.

Bedingung war, dass sich GDL und Transnet und GDBA abermals um ein Kooperationsabkommen bemühen sollten, bevor es einen eigenständigen Tarifvertrag geben würde. Also saß die GDL da und hat auf die Delegation von Transnet und GDBA gewartet, eine Dreiviertelstunde. Dann habe ich gesagt: »Wir sind großzügig. Ich gebe ihnen noch eine Viertelstunde, dann stehen wir auf und sind weg.« Als die Stunde fast vorbei war, kam deren Delegation an. Nach einer kurzen Begrüßung trat Hansen an den Flipchart, holte ein Papier unter dem Arm hervor, rollte es aus, hing es auf und erklärte der GDL: »Das sind die Bedingungen, von denen wir nicht ablassen. Entweder ihr akzeptiert die, oder es gibt mit euch keinen Tarifvertrag. Stattdessen werden wir den Bahn-Vorstand sofort auffordern, mit uns Tarifverhandlungen für die Lokomotivführer aufzunehmen.« Ich habe mir das angeschaut und dann zu meinem Mitstreiter neben mir gesagt: »Abschreiben!« Mein Kollege sagte: »Brauche ich nicht, ich habe eine Kamera.« Der hat diesen Horrorkatalog dann fotografiert. Anschließend stellten meine Kollegen drei Verständnisfragen. Ich habe mich mit keinem Wort dazu geäußert. Nach acht Minuten wollte Hansen wissen, ob das akzeptabel sei. Darauf habe ich ihm nicht mal eine Antwort gegeben. Ohne Gottesgruß hat die Delegation von Transnet und GDBA den Raum verlassen.

Bei der Tarifverhandlung am nächsten Tag verkündete Mehdorn, er glaube nicht, dass es mit dem Kooperationsabkommen etwas würde. Aber es solle das Ziel bleiben. Wir entgegneten: »›Das Ziel bleiben‹, na klar, darüber kann man reden.« Und dann sind die tatsächlichen Tarifverhandlungen geführt worden – mit dem Ergebnis, das bei Tiefensee vereinbart wurde. Am 9. März 2008 wurde der Tarifvertrag von GDL und Bahn in Berlin unterzeichnet. Und am 14. April (Stichtag) wurde er von 85,5 Prozent der GDL-Mitglieder in einer Urabstimmung bestätigt.

Der Tarifvertrag gilt für alle Lokführer – außer den Rangierlokführrern, das hat Transnet noch erreicht. Wir sind in diesem Bereich nicht mehrheitlich organisiert. Die Kollegen können sich auf längere Sicht frei entscheiden, ob ihnen Transnet und deren Tarifvertrag mehr zusagt als der unsrige.

Alle wollen Lokführer sein

Als die Forderungen anderer Gewerkschaften im Anschluss an unseren Streik bekannt wurden, schrieb eine Zeitung: »Jetzt wollen alle Lokführer sein.« Und so wurde ich angeschrieben vom Kreisverband der Milchbauern in Borken. Ob ich dort nicht vor einer Versammlung einen Vortrag halten könne, und zwar über das Thema: Was sind die Voraussetzungen für einen erfolgreichen Vertragsabschluss? Denn sie hätten große Schwierigkeiten mit den Erzeugerpreisen in der Milchwirtschaft. Davon hatte ich ja nun überhaupt keine Ahnung. Also bat ich die Veranstalter, sie sollten zu mir nach Frankfurt kommen und mir erklären, um was es geht. Sie sind dann angereist und sagten, dass mittlerweile zehn Großhandelsketten in Deutschland die Milchpreise diktierten. Sie haben mir auch dargelegt, was sie für einen Liter Milch erzielen müssen, um die Existenz zu sichern, und dass sie sich im Bauernverband nicht vernünftig vertreten fühlten.

Das hat mir alles eingeleuchtet, auch wenn ich persönlich keine Milch trinke. Dann bin ich nach Borken gefahren und habe vor 300 Milchviehhaltern meine Rede gehalten. Die Resonanz war sehr positiv, mit der Folge, dass mich der Landesverband Bayern zum Vortrag in ein Festzelt in der Nähe von Bad Tölz einlud. Es kamen 3000 Zuhörer, und das Zelt war bis zum letzten Platz gefüllt. Anschließend begann der Streik der Milchbauern. In Berlin und anderswo wurden Kundgebungen abgehalten, und es geisterte ein Satz durch die Medien, den ich den Milchbauern gesagt hatte: »Nachgiebigkeit gegenüber dem Wolf bedeutet Ungerechtigkeit gegen die Schafe.«

Leider hat der Kampf des Bundesverbandes Deutscher

Milchviehhalter noch nicht zum Erfolg geführt, was auch daran liegt, dass die kleinen bäuerlichen Betriebe gegen die großen ausgespielt werden und die EU ihre Milchquote noch erhöht hat, statt sie zu senken.

Kapitel VIII: Die Menschen mitnehmen
Von A nach B: Für eine ehrliche Verkehrs- und Gewerkschafts- politik

Das Jahr 2007 war nicht vergnügungssteuerpflichtig. Aber es war sehr reizvoll. Vielleicht hätte ich gern noch weiter- gemacht, aber ich hatte schon vorher angekündigt, auf der Generalversammlung der GDL im Mai 2008 in Berlin nicht mehr zu kandidieren. Im Februar 2008 hatte ich meinen 65. Geburtstag gefeiert. Ich habe meinen Rücktritt freiwil- lig erklärt und ging ganz normal in Pension mit insgesamt 147 Tagen Resturlaub. Genommen habe ich den nicht, son- dern bis zum letzten Tag gearbeitet.

In Berlin trat zu meiner Verabschiedung ein GDL-Chor auf, extra aus diesem Anlass gebildet von meinen Sekre- tärinnen, aktuellen und ehemaligen Mitarbeitern. Vom Klavier begleitet, sang der Chor eine auf mich gemünzte Version von »Mit 66 Jahren …« und »Marmor, Stein und Eisen bricht«. Ich hatte das Gefühl, sie waren ebenso ge- rührt wie ich.

Zu meinem Nachfolger wurde Claus Weselsky gewählt. Der war bis dahin Stellvertreter. Mein anderer Stellvertreter Günther Kinscher hörte mit mir zusammen auf, im Alter von 57 Jahren. Weselsky war 49, die neuen stellvertretenden Bundesvorsitzenden Norbert Quitter und Sven Grünwoldt waren 33 und 39 Jahre alt. Es fand also ein Generationenwechsel statt. In seiner Rede versprach Weselsky: »Von dieser GDL ist in den nächsten Jahren noch einiges zu erwarten!«

Wir basteln uns eine Holding

Von der Bahnreform allerdings auch. Am 30. Mai beschloss der Bundestag mit den Stimmen von CDU/CSU und SPD gegen die von FDP, Grüne und Linkspartei den Börsengang der Deutschen Bahn AG. Hierzu wurde die DB AG nach dem sogenannten Holdingmodell organisiert. Das Netz, das heißt die Schienen, die Bahnhöfe und die Stellwerke, verblieben für weitere 15 Jahre im Bundesbesitz; der Transport, also der Regional, Güter- und Fernverkehr, wurde zu einer Holding zusammengefasst. 24,9 Prozent der Anteile der Holding sollten ab Oktober an der Börse verkauft werde. Optimisten behaupteten, man könne dafür zwölf Milliarden Euro einspielen, nüchterne Menschen rechneten mit einem Erlös von sechs bis acht Milliarden Euro.

Vom Erlös sollte ein Drittel dem Bundeshaushalt zufließen, mit den anderen zwei Drittel hätte die Bahn Investitionen tätigen können. Sonderlich viel Geld wäre das nicht gewesen, sodass die Holding vermutlich mehr Anteile hätte verkaufen müssen. Beschlossen war, dass der Anteil privater Investoren maximal 49,9 Prozent betragen dürfe. Und weil man davon ausgehen kann, dass private Investoren als Mitbesitzer der Bahn damit mehr Geld verdienen möchten als der bisherige Alleinbesitzer Bund, befürchteten wir weitere Streckenstilllegungen, Fahrpreiserhöhungen und Personaleinsparungen. Schon im Januar hatte Mehdorn angekündigt, drastische Maßnahmen zur Steigerung der Profitabilität der Bahn durchexerzieren zu wollen.

Die 24,9 Prozent Beteiligung von privaten Investoren zum Einstieg an der Börse waren eine bloße politische Geste für die SPD. Die Sozialdemokratie hatte nach heftigen Auseinandersetzungen auf ihrem Hamburger Parteitag im Oktober 2007 den Einstieg privater Investoren bei der Bahn abgelehnt. Stattdessen wurde beschlossen, 25,1 Prozent der Anteile an der Bahn als sogenannte stimmlose Volksaktien unter die Leute zu bringen. Im Zweifelsfall sollte hierzu ein Sonderparteitag einberufen werden. Beides hielt der Parteivorstand aber nicht für nötig. Unter dem damaligen Parteivorsitzenden Kurt Beck wurde eine Arbeitsgruppe gebildet, die mehr den Kompromiss mit der CDU als mit der eigenen Partei suchte. Im Bundestag stimmten dann 163 SPD-Abgeordnete für das Holdingmodell und 27 dagegen. Und wenn Umfragen zufolge 70 Prozent der Deutschen die Privatisierung der Bahn ablehnten, wurde das gleich gar nicht berücksichtigt.

Doch aus dem Ziel, »Menschen und Märkte zu verbinden«, wie die Bahn ihren geplanten Börsengang poetisch umschrieb, wurde nichts. Am 9. Juli entgleiste in Köln ein ICE kurz nach der Abfahrt aus dem Hauptbahnhof. Es stellte sich heraus, dass seine Radsatzwelle gebrochen war. Daraufhin ordnete das Eisenbahnbundesamt als technische Aufsichtsbehörde der Bahn an, dass die modernen ICEs der 3er- und T-Baureihe nicht wie von der Bahn geplant alle 300 000 Kilometer, sondern alle 30 000 Kilometer zu untersuchen seien. Das bedeutete sehr viele Zugausfälle und Verspätungen, weil nun 137 Züge alle 20 Tage zur Inspektion mussten.

Als dann im Oktober 2008 in der Weltfinanzkrise die

Aktienkurse einbrachen, war absehbar, dass ein Börsengang der Bahn kaum Geld einbringen würde. Gleichzeitig wurde bekannt, dass auch ein Verramschen der Bahn dem DB-Vorstand mit sechsstelligen Bonuszahlungen honoriert werden würde. Das hatte der Präsidialausschuss der Deutschen Bahn so beschlossen. In diesem Gremium saßen Matthias von Randow, Staatssekretär im Verkehrsministerium, der Vorsitzende des Konzernaufsichtsrates, Werner Müller, der zwischenzeitliche Vorsitzende von Transnet, Lothar Krauß. und der Vorsitzende des Konzernbetriebrates, Günter Kirchheim, ebenfalls Transnet.

Alle diese Katastrophen auf einmal waren der Öffentlichkeit nicht mehr zu vermitteln. Anfang November sagte die Bundesregierung den Börsengang bis zu den nächsten Bundestagswahlen ab. Tiefensee erklärte, von den geplanten Bonuszahlungen durch seinen Staatssekretär nicht informiert worden zu sein – und entließ ihn. Er selbst konnte froh sein, dass er nicht zurücktreten musste.

Experten als Schlagersänger

Es gibt diese berühmte Phrase: »Da staunt der Laie, und der Fachmann wundert sich.« Die gilt ganz besonders für die Verkehrspolitik. Wenn man die Bahnreform seit 1994 betrachtet, den erfolgreichen GDL-Streik und den misslungenen Versuch, Teile der Bahn an die Börse zu bringen, fällt auf, wie oft sogenannte Experten danebenliegen.

Mir ist der Begriff des Experten in Deutschland sehr suspekt, weil wir in diesem Land offensichtlich nur noch Experten haben. Jeder ist Experte für irgendwas. Ich habe meine Zweifel, ob sich das wirklich mit der Definition des

Dudens verträgt, was da so kreucht und fleucht und zu Experten ernannt wird. Das ist so ähnlich wie in der Schlagerbranche, wo heute alle Stars heißen. Die einen können nicht singen und sind trotzdem Stars. Und die anderen werden als Experten gescholten und sind keine.

Bei den Vorständen der Bahn haben sich in den letzten zwei Jahrzehnten die Unternehmensberater die Klinke in die Hand gegeben. Dafür wurden Millionen ausgegeben. Wozu eigentlich? Vermutlich, um die Tatsache zu kompensieren, dass keiner dieser Vorstandsmitglieder jemals bei der Bahn gearbeitet hat. Wer mit Unternehmensberatern anfängt, seine Firma umzuprofilieren, der entledigt sich als Erstes seiner Verantwortung, denn er beruft sich auf Expertenvorschläge.

Und diese Vorstände unterhalten sich dann mit dem Verkehrsminister. Das ist so ein Ministeramt, das die wenigsten aus ganzem Herzen wollen – sie bekommen es aus parteipolitischen Erwägungen. Jeder neue Verkehrminister erzählt der Bahn als Erstes, dass mehr Verkehr von der Straße auf die Schiene gebracht werden müsste. Das fordert auch jede neue Bundesregierung, ganz unabhängig davon, welche Parteien die Regierung stellen. Das ist so, als wenn jemand stets denselben Witz erzählt, denn außer weiterem Strecken- und Personalabbau ist nie etwas herausgekommen. In der Politik sind eher Flüge und Autofahren als Bahnreisen angesagt. Von manchen Leuten wird auch behauptet, dass sie fliegen und ihr Auto auf der Landstraße darunter fährt. Der letzte Regierungszug wurde von Willy Brandt benutzt.

Das Verkehrsministerium ist neben der Bahn auch für die Luftfahrt, die Schifffahrt und eben für die Autostraßen zuständig. Nach wie vor gibt es erhebliche Wettbewerbsvorteile der Konkurrenten oder der – wie man heute sagt – Mitwettbewerber der Bahn. Denn der Bahn ist es auferlegt, einen hohen finanziellen Betrag für ihre Infrastruktur aufzubringen.

Wenn man sich so einen Bundesverkehrswegeplan anschaut, dann fällt auf, dass der sehr langwierig angelegt ist. Der gilt für fünf Jahre. Nach mühsamen Anhörungen, Berechnungen und Bedenken wird er aufgestellt. Dann kommt der nächste Verkehrsminister, schaut sich den Plan an und stellt fest, dass der mit soundso viel Milliarden Euro »unterdeckt«, das heißt nicht finanzierbar, ist. Aber so ist Politik.

Kleine Revue der Verkehrsminister

Allgemein hat ein Verkehrsminister nur selten Gelegenheit, sich zu exponieren. Die deutsche Wiedervereinigung war so ein Fall. Durch sie haben erst Friedrich Zimmermann und dann Günther Krause viel Aufmerksamkeit erfahren.

Zimmermann hatte ein gewisses Durchsetzungsvermögen. Als er 1989 sein Amt antrat, war gerade die Diskussion über die Fahrzulage der Lokomotivführer entflammt. Zimmermann war noch keine vierzehn Tage Minister, da nahm er an unserer Generalversammlung in Wiesbaden teil. Dort richtete er an den Bahn-Vorstand den dringenden Appell: »Ich erwarte von Ihnen, dass Sie eine befriedigende Lösung mit den Lokomotivführern herbeiführen.« Das hat der Bahn-Vorstand befolgt, die vorgesehenen Kürzungen waren vom Tisch.

Sein Nachfolger Günther Krause war sehr intelligent, vielleicht zu intelligent für die Politik. Der ist auch so aufgetreten. Das kam nicht bei allen gut an. Krause war der große Macher, der gemeinsam mit Wolfgang Schäuble den Einigungsvertrag unter Dach und Fach gebracht hatte. Als Verkehrsminister war er ein Befürworter der Privatisierung, er wollte auch die Bundesautobahnen privatisieren. Mit ihm bin ich sehr gut klargekommen. Als ich in Bonn war, sind wir des Öfteren zusammen essen gegangen. Eines seiner Lieblingsvorhaben war der Bau der Bundesautobahn A 20, die von Lübeck bis in die Uckermark gehen sollte. Eines Tages sagte er zu mir: »Schell, wir machen das.« – »Was machen wir?« – »Wir bestellen einen Bagger nach Wismar und machen da oben den ersten Spatenstich!« Ich sagte ihm: »Du hast sie doch nicht mehr alle. Ausgerechnet ich. Ich bin für die Bahn und soll den ersten Spatenstich für eine neue Autobahn machen? Das hat mir gerade noch gefehlt.« Den ersten Stich hat er dann ohne mich machen müssen. Anfänglich wurde die A 20 auch »Krause-Autobahn« genannt.

Krause wurde vom Apparat böse mitgespielt. Das begann mit den Umzugskosten der DDR-Regierung von Berlin nach Bonn, die man ihm angelastet hat. Die Beamten, die die Rechnung erstellt hatten, waren von der Rechtmäßigkeit genauso überzeugt wie sein beamteter Staatssekretär. Dann kam die Affäre, als er am Abend vor einer Anhörung des Bundestages auf der Weihnachtsfeier der CDU gut gelaunt am Klavier gesichtet wurde und am nächsten Tag nicht erschien – das ging groß durch die Presse, weil es interessierte Kreise nicht für sich behalten wollten. Anschließend hieß es, er hätte die Raststätten der DDR-Autobahnen unter Wert an ein niederländisches Unternehmen verkauft. Und dann wurde ihm auch noch die besonders billige Putzfrau seiner damaligen Ehefrau angelastet. Das war ein bisschen viel auf einmal. Die Aktivitäten der poli-

tischen Gegner könnte man ja noch verstehen, doch es be-
stätigte sich wieder einmal die These: Was ist die Steigerung
von Feind? Erzfeind, Todfeind, Parteifreund.

Nach Krauses Rücktritt 1993 kam Matthias Wissmann.
Er exekutierte die Bahnreform, die schon längst entschieden war. Nach der Abwahl der Kohl-Regierung 1998 wurde Franz Müntefering Verkehrsminister. Der war kaum zu
bemerken. Er blieb nicht einmal ein Jahr im Amt, denn
er hatte anderes zu tun. Nachdem der SPD-Vorsitzende
und Finanzminister Oskar Lafontaine den Machtkampf
gegen den Kanzler Gerhard Schröder verloren hatte und
über Nacht von allen Ämtern zurückgetreten war, musste
Müntefering sich als Generalsekretär um die Partei kümmern.

Auf Müntefering folgte Reinhard Klimmt, als Minister
ebenso kurzlebig. Er war ein Versorgungsfall, der positiv
vermarktet wurde. Er brauchte etwas zu tun, nachdem er
1999 als Lafontaine-Nachfolger das Saarland an die CDU
verloren hatte. Nach einem knappen Jahr brachte ihn abermals das Saarland zu Fall. In seiner Eigenschaft als Präsident
des 1. FC Saarbrücken stolperte er über merkwürdige Rech-
nungen. Später verfasste er dann ein Buch mit dem Titel *Auf
dieser Grenze lebe ich. Die sieben Kapitel der Zuneigung.*

Klimmt machte Platz für den unauffälligen Kurt Bodewig. Dieser DGB-Abteilungsleiter wurde nach der nächsten
Bundestagswahl 2002 schon nicht mehr gebraucht, denn
Kanzler Schröder wollte ein Zeichen für den Osten setzen.
Der Oberbürgermeister von Leipzig, Wolfgang Tiefensee,
sollte es werden, hatte jedoch kein Interesse. Sein Ziel war,
mit seiner Stadt eine erfolgreiche Olympiabewerbung durchzuführen. Da fragt man sich natürlich, welchen Stellenwert
dem Verkehrsminister überhaupt zugeschrieben wird.

Auftritt Manfred Stolpe. Der war im Sommer als Ministerpräsident von Brandenburg aus Altergründen zurückgetreten und feierte nun im Herbst auf Schröders Drängen als Verkehrsminister seine politische Wiederauferstehung. Das war schon bizarr. Viel Drive hat er nicht entwickelt. Die Riesenpannen mit der Mautgebühr für Lkws sind ihm individuell anzurechnen. Den Eisenbahnern blieb sein Wirken verborgen. Nach Schröders Wahlniederlage gegen Angela Merkel 2005 war Tiefensee dann bereit, in das Kabinett der großen Koalition einzutreten. Politische Erfolge hat auch er nicht zu verzeichnen. Immerhin war er der erste SPD-Minister, der auf einer Generalversammlung der GDL auftrat. Dort überreichte er mir zu meinem Abschied das Papier aus seinem Notizblock, das Mehdorn und ich unterschrieben hatten, als wir uns auf den eigenständigen Tarifvertrag für Lokführer in Tiefensees Büro geeinigt hatten. Damals hatte ich zu ihm gesagt, dass ich dieses Papier gern von ihm unterzeichnet und gerahmt bekommen möchte, und zwar dann, wenn alles geklappt hätte. Ich erhielt es tatsächlich, und er sagte vor 1200 im Saal versammelten Delegierten und Gästen: »Sie wissen ja gar nicht, warum das alles dann bei mir so schnell gelaufen ist, mit diesem Tarifvertrag. Das Geheimnis bestand darin, dass ich Herrn Schell erlaubt habe, dass er in meinem Büro rauchen darf.«

Das Gedächtnis des Wählers

Verliert man schon bei den Verkehrsministern der letzten zwanzig Jahre fast den Überblick, so gilt das erst recht für die diversen politischen Programme der Protagonisten. Das fällt aber nicht weiter auf, denn allgemein ist das Gedächtnis des Wählers äußerst kurzlebig. Damit man sich die Politik besser merken kann, wird sie neuerdings mit Namen versehen: »Riester-Rente« oder »Hartz-Gesetze«. Das hilft allerdings nicht viel, denn als die SPD-Regierung die Hartz-Gesetze erlassen hat, war die CDU dagegen, weil sie sich in der Opposition befand. Die SPD hatte die größten Schwierigkeiten, sie durchzubekommen. Die von ihr bedachte Wählerklientel hat damit nicht leben wollen. Dann gab es den Regierungswechsel, und auf einmal hat auch die CDU ihr Herz für »Hartz« entdeckt und verkauft das Gesetz seitdem als ein Stück Wirtschaftsaufschwung. Die CDU erdreistet sich sogar, zu sagen, sie hätten das als Regierungspartei in die Wege geleitet.

Wenn CDU und SPD ihre Wähler anschließend glauben machen wollen, ihre neue Große Koalition wäre der Wille des Wählers gewesen, dann muss ich sagen, dass ich keinen CDU-, geschweige denn einen SPD-Wähler kenne, der das so gewollt hätte.

Für die Privatisierung der Bahn werden ähnliche Märchen aufgetischt. Alle Umfragen sprechen dagegen, die Regierung führt sie trotzdem durch. Und erzählt den Wählern: Wir können nicht anders, es gibt dazu keine Alternative.

Als die Grünen, die immer noch als Umweltpartei gehandelt werden, 1998 mit der SPD an die Macht kamen, war von der Entlastung der Straße und Förderung des Schienenverkehrs und ähnlichen Dingen, die sie sich über Jahre auf die Fahnen geschrieben hatten, nichts zu bemerken. Sie erklärten, das sei fiskalisch gesehen in der Kürze der Zeit nicht zu realisieren. Außerdem hatten sie noch hunderttausend Erklärungen auf Lager, warum das alles nicht ginge. Solches Gebaren muss man einfach als das bezeichnen, was es ist: Wählertäuschung.

Ich weiß nicht, woran sich Politik heute noch orientiert. Bei allen Parteien fehlen mir die Meilensteine, die jemand in der Politik setzt, woran sich auch der Bürger orientiert, wenn man ihm Politik glaubhaft vermittelt. Als Entschuldigung führen die Politiker gern an, alles wäre so kompliziert. Dem möchte ich nicht widersprechen. Nur: Aus einer komplizierten Materie müssen Lösungen aufgezeigt werden. Es muss versucht werden, diese herbeizuführen. Und wer dazu nicht in der Lage ist, soll sich ein anderes Betätigungsfeld suchen. Man kann nicht Politik zum Wohlgefallen aller machen. Aber man muss dabei die Menschen mitnehmen. Und dazu muss man ihnen reinen Wein einschenken. Man kann als Regierung nicht vor den Bürger treten und sagen: »Wir wissen zwar alles, was richtig wäre, aber die Sachzwänge zwingen uns, das nicht zu tun, was wir als richtig erkennen.« Das geht einfach nicht.

Kümmerliches Dasein

Egal unter welcher Bundesregierung, die Bahn hat immer ein kümmerliches Dasein geführt. Nach dem Krieg kam der Aufbau, der zu Lasten der Bahn ging. Sie hat den größten Anteil an der Wiedererrichtung ihres zerstörten Netzes selbst getragen. Gebracht hat es ihr wenig: Je mehr Wohlstand sich in der Gesellschaft entwickelte, desto mehr wurde der Individualverkehr gefördert – und die Bahn krebste immer noch herum. Im Prinzip ist das bis heute so geblieben.

Die Bahn war im 19. Jahrhundert das modernste Verkehrsmittel. Schon unter Hitler begann ihr Abstieg, auch die Nazis setzten mehr auf Straßen als auf den Schienenverkehr. Die Bahn musste sich am berühmten Autobahnbau beteiligen – für Autos, die sich damals kaum jemand leisten konnte. Ende der Fünfzigerjahre, als in der Bundesrepublik der sogenannte American Way of Life mit Pkw einzog, wurde das Auto zum Statussymbol, mit dem die Bahn nicht konkurrieren konnte – weil sie vom Staat zu wenig unterstützt wurde. Zugegeben, es gab ein paar Highlights: den TEE, dann den EC und schließlich den ICE. Doch im Nahverkehr konnte man beobachten, wie sich die Bahn entwickelte: sehr bescheiden. Es fuhren Lokomotiven, die waren 40 Jahre und älter. Sie zogen 25 Jahre alte Personenwagen. Das wirkte selbstverständlich nicht einladend, um mehr Verkehr auf die Schiene zu bringen. Mit der Privatisierung hat sich tatsächlich einiges zum Besseren geändert.

Zwar wurde die Bahn zum 1. Januar 1994 von ihren Altschulden befreit, doch nach zehn Jahren hatte sie wieder fast 20 Milliarden Euro neue Schulden angehäuft. Trotzdem soll sie nach wie vor aus eigener Kraft in der Lage sein, den Wettbewerb zu bestehen, sich zu modernisieren, die Menschen im Unternehmen zu bezahlen und zu guter Letzt auch noch Gewinn abwerfen. Das geht nicht. Die Eisenbahn, das heißt Personen- und Güterverkehr auf einem Netz von circa 30 000 Kilometern, wird nie aus eigener Kraft Gewinn generieren.

Es finanziert sich keine Feuerwehr selbst, keine Polizei und auch keine Schule. Deshalb ist es dummes Zeug, wenn sich irgendwelche Vorstandsvorsitzende der Bahn rühmen, sie hätten dem deutschen Steuerzahler durch die Privatisierung 100 Milliarden Euro erspart. Das ist durch nichts beleg- oder beweisbar, wird aber gern geglaubt. Es wird auch behauptet, der Güterverkehr der Bahn hätte zugenommen. Tatsächlich wird seit der Bahnreform 1994 keine einzige

Tonne von der Deutschen Bahn AG mehr auf deutschen Schienen transportiert. Stattdessen hat sich die Bahn die Lkw-Spedition Schenker zugelegt und ist dadurch zum größten deutschen Logistikunternehmen avanciert. Schenker war von der Bahn erst 1991 an die Stinnes AG verkauft worden – mit dem Argument, die Bahn müsse sich auf ihre Stärken beschränken, auf das, was sie kann. 2002 wurde Stinnes dann von der Bahn übernommen.

Die GDL hat immer gefordert, dass man, wenn man die Bahn unbedingt privatisieren möchte, als Erstes die Verkehrsbedingungen in Europa harmonisieren müsse, um überall die gleichen Wettbewerbschancen zu schaffen. Wozu haben wir eigentlich ein Europäisches Parlament? Die müssen sich ja nicht unbedingt mit dem Krümmungsgrad der Salatgurke oder mit der Länge des Stricks, mit dem Kälber im Stall angebunden werden, beschäftigen.

Wenn ein privatwirtschaftliches Unternehmen nicht von Beginn an über die gleichen Wettbewerbschancen verfügt wie die Konkurrenz, ist das Unternehmen im Grunde zum Tode verurteilt.

Das Verursacherprinzip

Zur Herstellung der gleichen Wettbewerbschancen ist es zwingend notwendig, eine Kostenanalyse nach dem Verursacherprinzip vorzunehmen. Für die verschiedenen Verkehrsträger müssten deren Infrastrukturkosten, das heißt ihre Umweltbelastung, errechnet werden. In eine solche Gesamtrechung müssten die Produktionskosten, die Klimakosten, die Staus und die Unfallopfer eingehen. Darüber sind sogar Hartmut Mehdorn und ich uns einig.

Die konsequente Einführung des Verursacherprinzips wäre verkehrspolitisch revolutionär – nicht nur im Verkehrsgewerbe.

Immer wieder Auto

Seit zwanzig Jahren wird vom drohenden Verkehrsinfarkt auf den Straßen geredet, trotzdem fahren auf ihnen immer mehr Autos. Die Erfahrung lehrt, dass jede neue Umgehungsstraße und jede Verbreiterung einer Autobahn um eine zusätzliche Spur den Verkehr erhöht, weil dann wieder ein besseres Durchkommen möglich ist.

In dem Dorf, wo ich aufgewachsen bin, konnte man die Zahl der Autos an einer Hand abzählen. In dem Dorf, wo ich jetzt wohne, besitzt fast jeder ein Auto. Wer volljährig wird, macht den Führerschein und bekommt nicht selten ein Auto geschenkt. Damit fährt er dann nach Frankfurt oder auch nur zum Bäcker, um Brötchen zu holen.

Der Dorfbewohner fragt sich: Was habe ich für ein Angebot, um meine 25 Kilometer, die ich tagtäglich zur Arbeit fahre, zu bewältigen? Habe ich ein vernünftiges Nahverkehrsangebot zu einem bezahlbaren Preis? Oder setze ich mich ins Auto? Auch wenn ich dann keinen Parkplatz finde und vielleicht genauso lange wie mit der Bahn unterwegs bin – es kommt mir billiger und bequemer vor.

Angebot und Konkurrenz

Der tägliche Nahverkehr verläuft wie eine Sinuskurve. Morgens gegen halb sechs geht es los, wenn die Menschen beginnen, zur Arbeit zu fahren. Dann tritt der Schulverkehr hinzu – und gegen neun Uhr ist der Höhepunkt erreicht, anschließend flacht der Verkehr wieder ab. Mittags gibt es etwas Einkaufsverkehr, danach setzt der Schülerrückreiseverkehr ein. Das ist der Mittagsbuckel. Und ab 16 Uhr wird von der Arbeit nach Hause gefahren. Das dauert bis 19.30 Uhr.

Diese Intervalle sind bekannt. Will man den Nahverkehr mit der Bahn organisieren, kostet das Personal. Rein marktwirtschaftlich betrachtet, ist das zu teuer. Mehdorns Devise für den Nah-, Fern- und Güterverkehr aber lautet: Wir fahren nur noch das, was sich rechnet.

Der Regionalverkehr ist das letzte Stück der Bahn, bei dem die Länder sagen und bezahlen können, was sie wollen. Der wird aus Regionalisierungsmitteln bezahlt und funktioniert nach dem Bestellerprinzip. Aber wenn die Bahn dem Land vorrechnet, dass die Strecke von A nach B teurer wird, weil sie ermittelt hat, dass dort zu wenig Leute fahren und die Strecke dringend instand gesetzt werden muss, dann ist das Land nicht geneigt, sich daran finanziell zu beteiligen. Im Ergebnis stellt die Bahn den Antrag auf Streckenstilllegung. Logischerweise fahren weniger Menschen mit der Bahn, wenn die Fahrpläne, Fahrtzeiten und Anschlussverbindungen nicht stimmen und es immer weniger Strecken gibt.

Das gilt auch für die Konkurrenz zwischen Bahn und Billigfliegern im Fernverkehr. Zunehmend fliegen sie nicht nur Urlaubsgebiete im Ausland an, sondern auch Ziele in Deutschland. Auf der einen Seite haben wir den allseits begrüßten ICE, und jede Stadt ringt im Bündnis mit ihrer Landesregierung darum, an seine Strecken angeschlossen zu werden. Auf der anderen Seite entwickeln insbesondere Landesregierungen und Kommunen eine große Freude an regionalen Flughäfen. Zum Beispiel soll der Flugplatz

Kassel-Kalden ausgebaut werden, obwohl man mit Kassel-Wilhelmshöhe über einen der modernsten deutschen Bahnhöfe mit hervorragender Anbindung verfügt. Macht nichts, sagen sich die Politiker in Stadt und Land, mit dem Flughafen wird die regionale Wirtschaft gestärkt. Wieso das dadurch geschehen soll, dass demnächst Großflugzeuge von Kassel-Kalden nach Mallorca fliegen, begreife ich nicht.

Man muss sich folglich fragen, welche Verkehrspolitik eigentlich gewollt wird.

Alles eine Frage der Zeit

Offiziell setzt die Bahn auf Geschwindigkeit. Sie will mit Flugzeugen und Autobahnen im Nah-, Güter- und Fernverkehr konkurrieren. Im Fernverkehr gibt es Strecken, auf denen der ICE bei der Verbindung von Innenstadt zu Innenstadt unschlagbar ist. Das merkt man beispielsweise dann, wenn man morgens zwischen 6.30 Uhr und 10.30 Uhr versucht, von der Autobahn nach Stuttgart reinzufahren – das absolute Chaos.

Wenn aber ein neues Gleis von A nach B gelegt werden soll, beginnt in Deutschland der große Prozess. Dann kommen die Widerstände vom Kleingärtnerverein, es werden die Gerichte angerufen. Ist das überstanden, wird darum gerangelt, ob das neue Gleis jetzt noch 85 Schleifen ziehen muss, um diesen und jenen Ort auch noch anzubinden, oder nicht. Das dauert und dauert.

In Frankreich ist das ganz anders. Dort sagt der Staat, wir bauen die Strecke von Paris nach Lyon, Punkt, aus. Ob dabei jetzt ein Feld, das einem Bauern gehört, in zwei Hälften getrennt wird oder nicht, ist nachrangig. In Deutschland haben wir eine vollendete Rechtsstaatlichkeit. Man kann das gut finden, muss jedoch auch wissen, mit welchen Nachteilen das verbunden ist.

Die Bahn weiß aber noch viel mehr. Sie weiß, warum sie die Interregios, die eine Mittelstufe zwischen Nah- und Fernverkehr darstellten, abgeschafft hat: weil sie ihr zu teuer waren. Sie wurden durch Nahverkehrszüge ersetzt. Die muss zwar das Land bezahlen, aber sie halten auch überall und machen die Fahrten zum Beispiel bei einer Distanz von 50 Kilometern unerträglich langsam.

Die Bahn weiß auch, dass die deutschen Güterzüge eine maximale Laufgeschwindigkeit über die Distanz von nur acht Kilometern erreichen, weil die Züge jeden zweiten oder sogar jeden Bahnhof anlaufen müssen und wieder auseinanderrangiert werden. Wir haben in Deutschland Strecken, bei denen reicht die Zweigleisführung, die wir heute haben, seit Langem nicht mehr aus. An der unteren Rheinschiene, Karlsruhe in Richtung Basel, herrscht ein riesiges Verkehrsaufkommen. Dort kommen die Züge nicht mehr aneinander vorbei. Kommt ein Fernzug, muss der Güterzug warten. Tatsache ist, dass Industrie und Wirtschaft pünktlich beliefert werden wollen – *just in time*. Kurz, es wird ein weiteres Netz benötigt, auf dem nur Güterzüge verkehren können.

Darüber hinaus ist der Bahn bewusst, dass sie eine bessere Vertaktung braucht. Es kann nicht sein, dass ein ICE irgendwo zehn Minuten zu spät ankommt und der Anschlusszug in dem Augenblick wegfährt, wenn der ICE in den Bahnhof einläuft. Die Bahn hat den Anspruch, pünktlich zu sein. Ab zehn Minuten Verspätung wird auf den Bahnsteigen bereits gemault. Und jeder, der mault, ist ein Transporteur einer schlechten Nachricht. Aber wie kommt es, dass im Nahverkehr auf einer Strecke, die von einem privaten Mitbewerber der Bahn betrieben wird, plötzlich die Lukrativität steigt, weil sie von den Fahrkunden besser angenommen wird? Entweder ist die Vertaktung besser oder das rollende Material. Oder die Fahrpläne richten sich mehr nach den Bedürfnissen der Kunden.

Die Bahn kennt ihre Problemzonen. Zum Beispiel ist der Hamburger Hafen praktisch komplett zu. Weil immer mehr Container transportiert werden, bemüht sich die Bahn, den Hinterlandverkehr zu betreiben, und das heißt nicht, die Güter im Hafen auf Lkws zu verladen, sondern auf Züge. Dafür braucht sie im Hamburger Hafen ein Y-Dreieck. Vom Bau dieser Ersatztrassen wird schon seit zwölf Jahren geredet, ohne dass dort eine einzige Schraube gedreht worden wäre. So viel zum Beitrag, dass die Bahnreform eine Verlagerung des Verkehrs von der Straße auf die Schiene bringt.

Der Markt

Seit den Siebzigerjahren hat sich die verkehrspolitische Diskussion gewandelt. Es will niemand mehr die »autogerechte Stadt«. Doch die Koordinaten der Verkehrspolitik haben sich nicht verändert. Und das Verkehrsverhalten der Bürger schon gar nicht – mangels Alternativen.

Wenn der Bund der Eigentümer der Bahn ist, sollte man das auch merken. Erst einmal muss der Bund wissen, ob der Schienenverkehr aufrechterhalten werden soll oder nicht. Wenn er aufrechterhalten werden soll, stellt sich die nächste Frage: Welche Bahn wird in Deutschland gebraucht? Und was kostet das den Staat?

Seit der Bahnreform 1994 will der Eigentümer von solchen Fragen nichts mehr wissen. Und auch nicht der Aufsichtsrat der Bahn. Es entscheidet allein der Vorstand – nach marktwirtschaftlichen Gesichtspunkten. Zwischen der Verantwortung des Eigentümers und der unternehmerischen Verantwortung des Vorstands besteht eine Diskrepanz. Der Bund hat nicht die Bahn aufgegeben, aber er hat seine politische Verantwortung für die Bahn aufgegeben.

Wer davon ausgeht, dass der Markt an sich alles allein regelt, der ist falsch gewickelt. Das hat mittlerweile sogar die Autoindustrie erkannt und fordert staatliche Hilfen, weil viele ihrer Firmen sonst die Weltfinanzkrise nicht überleben würden. Plötzlich wurde allen klar, dass es nur ein Gerücht war, dass der Markt die Selbstheilungskräfte besitzen würde, die ihm lange Zeit zugeschrieben wurden.

Diese Halbwahrheit hat trotzdem dafür gesorgt, dass die Gewerkschaften in den letzten zwanzig Jahren immens geschwächt wurden. Deren Mitglieder haben für den Erhalt von Arbeitsplätzen teuer bezahlt.

Ich will nicht die alte Floskel vom Widerspruch zwischen Kapital und Arbeit aufwärmen. Die Bundesrepublik wurde nicht geprägt von jenem Klassenkampf, wie er in den alten Büchern steht. Aber wenn jemand, der etwas geben soll, nicht gibt und er auch nicht durch Streiks dazu gezwungen werden kann, dann ist man als Arbeitnehmervertretung mit seinem Latein am Ende.

Die Spartengewerkschaft

Dafür lieferten die Tarifabschlüsse im Einzelhandel 2008 ein gutes Beispiel. Fast zwei Jahre lang wurden Tarifverhandlungen, auch Arbeitskämpfe geführt, die die Arbeitgeber ausgesessen haben. Am Ende kam dabei ein Tarifabschluss mit einer dreiprozentigen Lohnsteigerung heraus, doch aufgrund der Inflationsrate wird das Reallohneinkommen weiter sinken. Ein weiterer Sieg der großen All-inclusive-Gewerkschaft ver.di.

Um das Auftreten von ver.di überhaupt zu bemerken, musste man schon genau hinsehen. Wenn ich mit dem Auto von Frankfurt nach Hofheim in den Taunus gefahren bin, habe ich manchmal vor dem Ikea-Markt Streikposten entdecken können. Dort standen dann zehn Leute vor einem Tapeziertisch mit Schildern, auf denen zu lesen war: »Wir streiken!« Das hat keinen interessiert, weder die Geschäftsleitung noch die Kunden, weil der Betrieb ungestört weiterlief.

Der Organisationsgrad der Beschäftigten im Einzelhandel ist äußerst gering. Aber das liegt daran, dass die Gewerkschaft für die Beschäftigten nicht sonderlich attraktiv ist. Das ist auch schwierig, weil sich mit dem Konglomerat ver.di kein Verkäufer, kein Postler, kein Müllwerker mehr identifizieren kann, weil ver.di ihre alten Gewerkschaften vereinigt hat – und trotzdem moderat agiert. Darunter leidet die Solidarität.

Bei den DGB-Gewerkschaften geht der Trend hin zur Unauffälligkeit. Wenn sie sich nicht zu benehmen wüssten, wären die Arbeitsplätze weg, argumentierten die Arbeitgeber. Daran haben die Gewerkschaften gern geglaubt. Dafür waren sie auch bereit, zum Nachteil ihrer Mitglieder Opfer zu bringen.

Das war bei der Bahn nicht anders. Seit der Bahnreform 1994 sorgte sich Transnet zusammen mit dem Bahn-Vorstand um das Unternehmen und in den letzten Jahren vor allem um den geplanten Börsengang. Dass der sowohl von den eigenen Mitgliedern als auch vom DGB abgelehnt wurde, hat Transnet nicht interessiert.

Mit dieser Logik der Defensive haben wir als GDL gebrochen. Zum ersten Mal 2003 und dann sehr erfolgreich 2007. Das, was uns Transnet immer vorwirft, dass wir im Gegensatz zu ihnen eine Spartengewerkschaft wären, war unsere Stärke. Ich weiß nicht, warum die Vertreter der anderen Gewerkschaften vor dem Vorstand der Bahn so einen großen Respekt haben. Wahrscheinlich wird hier nach der Maxime verfahren: Eine Hand wäscht die andere. Ich habe immer den Rat meines Vaters im Ohr, der meinte, dass man keine Angst vor den hohen Autoritäten zu haben braucht – man muss sie sich nur in Unterhosen vorstellen, denn dann sehen sie aus wie man selbst.

Unsere Lokführer haben jetzt ihren eigenen Tarifvertrag. Alle Eisenbahner können sich bei uns bedanken, dass wir den Tarifvertrag, den Transnet und GDBA mit 4,5 Prozent Lohnerhöhung ausgehandelt hatten, nicht akzeptiert haben. Alle bekommen jetzt am Ende des Monats mehr, auch wenn sie in der anderen Gewerkschaft sind.

Wir werden dranbleiben. Wir werden weiter für soziale Gerechtigkeit einstehen, und wir werden dabei die Interessen der Eisenbahn nicht vernachlässigen. Darüber hinaus werden wir es jedoch nicht länger zulassen, dass ein Lokführer fünf Jahre und acht Monate tagein, tagaus – das heißt auch an Sonn- und Feiertagen, zu jeder Tages- und Nachtzeit – arbeiten muss, um das Monatsgehalt eines Vorstandsmitgliedes der Deutschen Bahn zu erhalten. Und die GDL wird mit Sicherheit keine Aktien der Deutschen Bahn erwerben.

Lebenslauf

12. Februar 1943 Geboren in Aachen

1. April 1957 Ausbildung zum Maschinenschlosser in einem Aachener Privatunternehmen

1. April 1958 Fortsetzung der Ausbildung bei der Deutschen Bundesbahn

1. April 1960 Übernahme durch die Deutsche Bundesbahn

1. Juli 1963–31. Dezember 1964 Ableistung des Grundwehrdienstes

1. August 1964 Reservelokomotivführer-Anwärter, beschäftigt bei der Deutschen Bundesbahn als Lokomotivführer

seit 1971 Mitglied der CDU

seit 1972 Mitglied der CDA (Christlich-Demokratische Arbeitnehmerschaft)

1. November 1973 Hauptamtlicher Mitarbeiter bei der Gewerkschaft Deutscher Lokomotivführer (GDL), Frankfurt am Main

1. April 1983 Stellvertretender Bundesvorsitzender der GDL

1981–1983 Mitglied im Landesvorstand der CDA Hessen

1983–2008 Mitglied des Bundesvorstandes des dbb Beamtenbund und Tarifunion

Mai 1989–Mai 2008 Bundesvorsitzender der GDL

seit 1989 Präsident der ALE (Autonome Lokomotivführer-Gewerkschaften Europas; Zusammenschluss von derzeit 16 europäischen Lokomotivführergewerkschaften)

seit 1990 Mitglied im Vorstand der CESI (Europäische Union der unabhängigen Gewerkschaften), Brüssel

1990 Direktkandidat der CDU im Wahlkreis Halle-Altstadt

29. Januar 1991 Bundesvorsitzender der vereinigten GDL (Ost und West)

1993 bis 1994 Mitglied des Deutschen Bundestages

24. November 2000 Verleihung des Bundesverdienstkreuzes Erster Klasse

seit Mai 2008 Bundesehrenvorsitzender der GDL

Personenregister

A
Ackermann, Eduard 129
Arnold, Karl 109

B
Bayreuther, Werner 163, 167, 175f., XVII
Beck, Georg 96, 98, 100–102, 106, II
Beck, Kurt 173, 195
Biedenkopf, Kurt 171, 174–176, XVII
Blüm, Norbert 110, 118, 122, V
Bodewig, Kurt 200, XIII
Brandt, Willy 37, 91f., 110, 114, 197
Brenner, Otto 114

D
Daubertshäuser, Klaus 140f.
Dorendorf, Hans-Georg 116f.
Dürr, Heinz 137, 139f., 142, 149f.

E
Earp, Wyatt 33
Eichel, Hans 141
Enkelmann, Dagmar 126
Eskens, Margot 32

F

Fischer, Ulrich 170, XVII

Fredersdorf, Hermann 80

Fuhrmann, Heinz 89, 100, 106f., 153

G

Gabriel, Sigmar 173

Geißler, Heiner 110, 171, 174–176, XVII

Genscher, Hans-Dietrich 122f.

Gibtner, Horst 143

Gies, Gerd 123

Gott, Karel IV

Grünwoldt, Sven 193, XI

Gysi, Gregor 174

H

Hagedorn, Werner 107

Hagen, Joachim ten 162, XXVI

Haley, Bill 32

Hansen, Norbert 10, 68, 165, 175, 183, 189, XVIII

Hommel, Klaus-Dieter 175, XVIII

Howland, Chris 32

I

Ilgmann, Gottfried 152

J

Jobst, Dionys 139

K

Kannegiesser, Martin 183

Katzer, Hans 110

Keddi, Herbert 99

Kinscher, Günther 181, 193

Kirchheim, Günter 196

Klein, Karl   81, 85f., 88f.
Klimmt, Reinhard   200
Klinsmann, Jürgen   133
Kluncker, Heinz   114
Kohl, Helmut   110f., 118, 120, 124, 129, 141, 200, II
Kohn, Roland A.   141, 143
Kowalsky, Dieter   89, 95, 97, 100, 106
Krauß, Lothar   196
Krause, Günther   141, 198–200
Kroppenstedt, Franz   107
Kulenkampff, Hans-Joachim   30

L
Lafontaine, Oskar   120, 200
List, Friedrich   144
Lüder, Roland   85
Ludewig, Johannes   132
Lühr, Uwe   123

M
Mausch, Helga   97
Mehdorn, Hartmut   10, 132, 144, 150–152, 156,
        162, 166, 169, 171f., 175f., 181, 187–189, 194,
        201, 205, 207, X, XV, XVII, XXV, XXVII,
        XXXI
Merkel, Angela   173, 188, 201
Müller, Werner   196
Münch, Werner   123
Müntefering, Franz   200
Müssig, Dagmar   102

O
Odersky, Willy   94, 96

P
Presley, Elvis   32

Q
Quitter, Norbert   193

R
Randow, Matthias von   196
Renger, Peter   101, 117, 123
Resch, Lothar   95–102, 106, 119
Riebel, Jochen   11
Rosenthal, Philip   110
Roth, Petra   129
Rüttgers, Jürgen   109

S
Sack, Diethelm   137
Saßmannshausen, Günther   138
Schaefer, Hartmut   96
Schäfer, Rudi   140
Schäuble, Wolfgang   129f., 142f., 199
Schell, Marc   84, 182
Schell, Marianne   81, 83f., 133, 178, 182f., XXVI
Schell, Silke   83, 178
Schmidt, Helmut   136
Schock, Rudolf   32
Schreiber, Harald   123
Schröder, Gerhard   200f.
Steindl, Silja   169
Stoiber, Edmund   173
Stolpe, Manfred   201
Strauß, Franz Josef   80, 110
Suckale, Margret   170–172, 175f., 178, 181, 183, XV,
        XXVIIIf.

T
Thüsing, Gregor 163
Tiefensee, Wolfgang 150f., 188f., 196, 200f., X,
XXXf.
Tisch, Harry 97

V
Valente, Caterina 32
Voscherau, Henning 143

W
Wahl-Schröter, Petra 65
Waldenburger, Martin 162
Weselsky, Claus 178, 193f., XV, XXVII
Westerwelle, Guido 174
Wissmann, Matthias 131, 141f., 200
Wohlrabe, Jürgen 117

Z
Zehnder, Alois 81, 83, 85
Zimmermann, Friedrich 94, 198, VII
Zock, Oswald 88

Bildnachweis

Henning Bode V (oben), VI. VII (oben), VIII–XI
picture-alliance/dpa XII, XIV–XXX, XXXII

Leider ist es nicht in allen Fällen gelungen, die Urheber der Fotos
im Bildteil ausfindig zu machen. Berechtigte Honoraransprüche
bleiben gewahrt.